Vico Ostertag-Lüllich

Lebensgefährten auf vier Pfoten

Vico Ostertag-Lüllich

Lebensgefährten auf vier Pfoten

„alles was Sie wissen sollten"

Welpen- und Hundewissen
Tipps zur Erziehung
sowie Problemlösungen

Herausgegeben vom Tierpsychologen
und Hundetrainer Vico Ostertag-Lüllich

Illustration und Bildredaktion: Vico Ostertag-Lüllich

www.dog-training-tübingen.de
www.vico-ostertag.de

VICO OSTERTAG TIERPSYCHOLOGE

Dog-Training-Tübingen by Vico Ostertag

Fotos
Vico Ostertag-Lüllich, Ove Arscholl

Herstellung
Vico Ostertag-Lüllich

Satz, Druck und Bindung
Vereinigte Druckereibetriebe Laupp & Göbel GmbH, 72147 Nehren

ISBN: 978-3-00-024684-5

Inhaltsverzeichnis

Vita

1963 in Reutlingen, im wilden Süden Baden-Württembergs, geboren und aufgewachsen, war ich knapp ein Viertel Jahrhundert im Bankenvertrieb als Filialleiter, Verkaufs- und Vertriebstrainer für Führungskräfte und Mitarbeiter und letztendlich als Vertriebsleiter tätig. Während dieser Zeit habe ich neben der Ausbildereignungsprüfung diverse Trainerqualifikationen erlangt.

Seit meinem sechsten Lebensjahr habe ich aktiv mit verschiedensten Tieren (eigene Hunde, Pferde und Katzen) zu tun. Aktuell habe ich zwei Hunde (Roma – eine wunderschöne Mischlingsdame – und Ria – eine, ebenfalls wunderschöne, Border-Collie-

Abb. 1

Hündin), welche neben der Beschäftigung mit Erziehung, Tricks und Geländemobility auch im Agility starten.

Meine Leidenschaft zu Hunden hat mich 2003 dazu bewegt, bei der ATN (Akademie für Tiernaturheilkunde – Zürich) eine tierpsychologische Ausbildung mit der Spezialisierung auf den Hund zu absolvieren. Dies habe ich erfolgreich beendet und mich hauptberuflich mit Dog-Training-Tübingen als Hundetrainer und Tierverhaltensberater mit meiner Hundeschule selbstständig gemacht. Für mich war dies der Einstieg in ein neues, besseres Leben!

Dog-Training-Tübingen arbeitet eng mit Tierheilpraktikern, Tier-Physiotherapeuten, Tierfachgeschäften, Hundesalons, Tierärzten und anderen Hundeschulen zusammen. Ein gutes Netzwerk bündelt und ergänzt Kompetenz.

Sie lernen bei Dog-Training-Tübingen Ihren Hund mit Liebe und Geduld richtig einzuschätzen und auszubilden. Hundewissen und Ausbildungsmethoden werden individuell auf den einzelnen Hundeführer und seinen vierbeinigen Partner abgestimmt. Nur so lernen Sie und Ihr Hund optimal. Nullachtfünfzehn machen viele – ich nicht!

Je früher Sie mit der Erziehung und Ausbildung Ihres vierbeinigen Partners beginnen, desto weniger hat Ihr Hund die Gelegenheit, Falsches zu erlernen. Auch der erwachsene Hund ist bis ins hohe Alter lern- und ausbildungsfreudig. Arbeitende Hunde sind wesentlich ausgeglichener und folgsamer.

Mit „Problemhunden“ arbeite ich anfangs erst im Einzelunterricht, oft beim Kunden zu Hause – im heimatlichen Umfeld des Hundes, da es nur so möglich ist, individuell auf den Hundehalter und seinen Hund einzugehen.

Kurse finden in Gruppen mit maximal 6 Hunden statt. Ziel ist es, jeden Teilnehmer individuell zu coachen. Es wird in ständig wechselnder Umgebung geübt, um die Gehorsamsausbildung in Alltagssituationen zu festigen.

Des Weiteren bietet Dog-Training-Tübingen Erlebnisspaziergänge für Hunde und Menschen jeden Alters an. Hier haben nicht nur Hund und Mensch die Gelegenheit, neue Freundschaften zu knüpfen, sondern ganz wichtig ist zu lernen, dass wir im Alltag mit unserem Hund sehr viele interessante Übungen machen beziehungsweise erlernen können. Agility, Dog-Military, Longierarbeit sowie auch Tricks & Fun ergänzen das Ausbildungsprogramm.

Abb. 2 *Übungen im Alltag*

1 Abstammung und Domestikation

Derzeit, Anfang des 21. Jahrhunderts, gibt es über 350 verschiedene, anerkannte Hunderassen, welche sich nicht nur im Aussehen, sondern auch in ihrer Veranlagung stark unterscheiden. Viele Jahre hat die Wissenschaft darüber spekuliert und gerätselt, von wem der Hund nun eigentlich abstammt. 1997 ergab schließlich eine in Amerika durchgeführte DNA-Untersuchung, dass zweifelsfrei der Wolf (Canis Lupus), wie bereits schon von namhaften Wissenschaftlern vermutet, der alleinige Stammvater aller heutigen Hunderassen (Canis Lupus f. familiaris) und deren Mischlinge ist.

Die Domestikation des Wolfes/Hundes liegt 12000 bis 15000 Jahre zurück. Irgendwann zu dieser Zeit wurde wahrscheinlich ein mutterloser Wurf oder ein einzelner Wolfswelpe gefunden, in das

Abb. 3 *Vom Wolf zum Hund*

Heim des Menschen gebracht und aufgezogen. Wahrscheinlich leisteten besonders Frauen einen entscheidenden Beitrag zur Domestikation, indem sie die Welpen liebevoll aufzogen und ihnen sicherlich dabei sogar die Brust reichten. Besonders bei Kindern waren die Welpen damals, wie auch heute, beliebte Spielkameraden. So ist es dazu gekommen, dass sich Wölfe im Heim des Menschen vermehrt haben.

Hätten die damaligen Menschen schroffe Worte bzw. Kommandos eingesetzt, hätten sie den Wolf nie domestizieren können. Nur mit viel Liebe und Geduld konnten die damaligen Menschen den Wolf/Hund für sich gewinnen.

Heute sollten sich immer noch viele Hundeführer davon eine Scheibe abschneiden!

Die damaligen Menschen haben nur solche Tiere in ihrer Nähe geduldet, welche keine Gefahr für ihre Kinder bedeuteten. Das heißt, nur die am besten dem Menschen und dessen Wünschen angepassten Tiere wurden behalten und alle anderen Tiere wurden aussortiert. Später lernte der Mensch, dass er Aussehen und Verhalten dieser Tiere gezielt beeinflussen kann. Dies hat eine sehr lange Zeit in Anspruch genommen, wobei man von den Anfängen der lockeren Beziehung zwischen Wolf und Mensch bis zur endgültigen Domestikation von einigen Jahrtausenden ausgeht.

In grauer Vorzeit wurde rasch erkannt, dass Hunde ideale Ungeziefervernichter, Resteverwerter und lebende Wärmflaschen waren. Auch Abfälle sowie Exkremente wurden von ihnen beseitigt. Hunde haben in Notzeiten sicherlich auch als Nahrung oder Felllieferant gedient. Leider werden auch heute in Asien Hundefleisch und Hundefelle als Delikatesse bzw. Rohstoff verwendet. Bei Gefahr im gemeinschaftlichen Wohnbereich mit ihren Menschen, begannen die Hunde zu bellen und zu beschützen.

Alte Felsenzeichnungen im Nahen Osten und in der Türkei zeigen Hunde als Jagdgehilfen. Durch das Aussterben der Großtiere (Mammut usw.) wurde es für den Menschen wichtig, andere Jagdstrategien zu entwickeln. Auf die kleineren, schnelleren Tiere war die Jagd mit dem Speer nicht mehr erfolgreich, sodass der Mensch nun Pfeil und Bogen einsetzte. Hunde haben die Jäger begleitet und der Mensch profitierte bald von den ausgeprägten Sinnesleistungen seiner Jagdgefährten.

Durch die immer weiter entwickelten Jagdtechniken des Menschen wuchs die menschliche Bevölkerung so stark an, dass im Laufe der Jahrhunderte die Jagdausbeute immer geringer wurde.

Die Menschen begannen daher, ihr Jäger- und Sammlerleben aufzugeben und sesshaft zu werden. Die Zeit von Ackerbau und Viehzucht begann. Dadurch bekamen die Hunde neue Aufgaben wie Vieh zu hüten und auch Lasten zu ziehen. Mit der Zeit sind gezielt, je nach Verhaltensweisen und Formen, verschiedene Hundetypen selektiert worden. Es entstanden Jagdhunde, Hütehunde, Wachhunde, Herdenschutzhunde, Kriegshunde, Rettungshunde, Schlittenhunde und viele andere.

Die für die jeweiligen Aufgaben geeigneten Hunde wurden weiterverpaart, die nicht geeigneten ausselektiert, wobei das Äußere der Tiere zum Teil auch mit durch die Umweltbedingungen beeinflusst wurde (Schwimmhäute, wasserabweisendes Fell, ...). Mehr und mehr wurde der Hund als Spezialist gezüchtet und ausgebildet. Der Mensch hat im Laufe der Zeit durch seine Selektion erwünschte Verhaltensweisen gefördert und unerwünschte versucht auszumerzen.

Mit dem Fortschreiten der kulturellen Entwicklung des Menschen begann im 18. Jahrhundert die moderne Hundezucht. Vorreiter und Mutterland der Hundezucht war England, wo schon bald vielfältige Zuchtvereine und -verbände gegründet wurden. In Birmingham, England, fand 1860 die erste Hundeausstellung statt. Die erste deutsche Ausstellung fand 1863 in Hamburg statt. Mittlerweile leben allein in Deutschland ca. 5,5 Millionen Hunde.

2 Hund und Mensch im Zusammenleben

Ähnlichkeit zwischen Hund und Herrchen/Frauchen

! **Hund und Frauchen sowie Hund und Herrchen sind einander tatsächlich ähnlich. Dies glauben nicht nur amerikanische Psychologen, sondern dies ist bei genauem Hinsehen täglich gut zu beobachten.**

Den Experimenten der Forscher zufolge wird die Ähnlichkeit mit der Zeit des Zusammenlebens nicht verstärkt, vielmehr scheinen sich angehende Hundebesitzer von vornherein für Tiere zu entscheiden, die ihnen am ehesten entsprechen.

Allerdings lässt sich nur bei reinrassigen Hunden eine Ähnlichkeit mit den Besitzern wissenschaftlich nachweisen. Die Ursache liegt darin, dass die Eigenschaften reinrassiger Tiere besser vorhersagbar sind, sodass die künftigen Besitzer eine verlässlichere Kaufentscheidung treffen können.

Ich stelle jedoch persönlich immer wieder starke Ähnlichkeiten zwischen Hundehaltern und Mischlingshunden fest. Die Annäherung dieser Ähnlichkeiten entwickelt sich meines Erachtens auch während der Dauer des Zusammenlebens. Nicht nur in Figur oder Haarpracht ähneln sich Hund und Mensch, sondern der Hund nimmt auch die Ruhe oder die Nervosität seines Menschen an.

Die wissenschaftlichen Behauptungen stützen sich auf ein Experiment mit Studenten. Diese bekamen jeweils drei Fotografien von Hundebesitzern, deren Hunden und fremden Hunden gezeigt und sollten das Hund-Herrchen-Paar identifizieren. Bei mehr als der Hälfte von 25 reinrassigen Hunden tippte die Mehrzahl der Studenten dann richtig. Welche Art von Ähnlichkeit den Ausschlag gibt (Erscheinungsbild oder Persönlichkeitszüge), ist noch nicht erforscht. In jedem Falle scheint es so, dass Menschen ein ihnen ähnliches Lebewesen haben möchten beziehungsweise, dass der Mensch seinem Hund und der Hund seinem Menschen immer ähnlicher wird.

Abb. 4 *Der Apfel fällt nicht weit vom Stamm*

Weshalb brauchen Menschen Hunde?

Wir brauchen Hunde, weil Hunde uns gut tun! Die Lebensbedingungen in unserer industrialisierten Gesellschaft führen häufig zu Vereinsamung, Versagensängsten und zu einem Fürsorgedefizit. Diesem negativen Lebensumstand wirken Haustiere, besonders Hunde, entgegen. Hunde strahlen Lebensfreude aus, müssen umsorgt werden, stellen keine hohen Ansprüche, sind nicht überkritisch und legen keinerlei Wert auf menschliche Äußerlichkeiten. Unter allen Haustieren ist der Hund der begabteste Lebenspartner, weil er sich dank seiner Lernfähigkeit nahezu jedem Menschen anpassen kann.

Das stark entwickelte Ausdrucksverhalten des Hundes zeigt dem Menschen Emotionen, die dieser verstehen und zuordnen kann. Forscher stellten fest, dass ein Hund die Lebensqualität seiner Menschen deutlich steigert! Menschen mit Hund sehen sich selbst deutlich positiver, kontaktfreudiger, zufriedener und lebensfroher. Hunde vermitteln ihren Menschen Spaß und Lebensfreude und sind ein wesentlicher gesundheitlicher Positivfaktor. 30% der Hundehalter fühlen sich schließlich vollkommen gesund, dagegen leider nur 14% der Menschen ohne Hund!

Schon unter medizinischen Gesichtspunkten ist die Anschaffung eines Hundes richtig. Leider gibt es noch kein Rezept dafür. Immer mehr Ärzte, Psychologen und Pädagogen empfehlen den Hund als einen Begleiter und als Kameraden für das Kind oder auch für den behinderten und den alten Menschen. Der Hund vermittelt Nähe, Anerkennung und gibt Zuwendung. Er ist aber auch Lebewesen, für das Verantwortung übernommen wird, sei es bei der Ernährung, bei der Pflege, beim täglichen Ausgang, im Falle von Krankheit oder wo auch immer im Alltag.

Ich bin überzeugt, dass Hunde genauso wie menschliche Familienmitglieder die soziale Entwicklung des Kindes prägen können. Der Wunsch nach einem eigenen Hund ist ein Anzeichen der intakten seelischen Entwicklung des Kindes. Leider lehnen immer noch viele Eltern den Wunsch nach einem Hund ab, weil sie um die Gesundheit des Kindes fürchten. Dabei tragen besonders Hunde zur Gesundheit von Kindern bei! Die positiven Auswirkungen auf die Psyche steigern nicht nur das Allgemeinbefinden, sondern auch das Immunsystem der jungen Menschen. Nicht umsonst werden Hunde als Therapiehelfer ausgebildet und sind Begleiter für behinderte Menschen jeden Alters.

3 Die Genetik des Hundes

! **Wenn Sie Hunde trainieren oder Verhaltensproblemen entgegenwirken wollen, müssen Sie sich vor Augen führen, dass viele Verhaltensweisen beim Hund angeboren sind. Verhalten kann also auch unter dem Einfluss von Genen stehen. Daher ist Lernen vor allem für Tiere mit einer längeren Lebensspanne von Vorteil, während Tiere mit kurzer Lebensspanne, z. B. die Eintagsfliege, von einem festen, dafür aber ausgereiften Programm profitiert, mit dem sie sofort starten kann.**

Die Vererbung

Der Begriff Vererbung bezeichnet die Weitergabe von Merkmalen der Eltern an die Nachkommen. Die Einheit der Vererbung heißt Gen, welches zumeist ein bestimmtes Merkmal des Lebewesens beeinflusst. Manche Merkmale werden auch durch das Zusammenspiel mehrerer Gene bestimmt (Polygenie). Träger der Gene sind die sogenannten Chromosomen, die sich in jeder Körperzelle befinden. Der Hund besitzt 39 verschiedene Chromosomenpaare, dabei stammt jeweils ein Chromosom pro Paar vom Vater und eines von der Mutter.

Das äußere Erscheinungsbild

Das äußere Erscheinungsbild eines Tieres bezeichnet man als Phänotyp. Für verschiedene Eigenschaften, wie zum Beispiel für die Fellfarbe, gibt es verschiedene Gen-Versionen, sogenannte Allele. Jedes Tier besitzt für jede Eigenschaft mindestens zwei Allele, eins vom Vater und eins wiederum von der Mutter. Kommt von Vater und Mutter dasselbe Gen, so nennt man dies homozygot. Haben die Elterntiere verschiedene Gen-Versionen vererbt, nennt man das heterozygot.

Vererbung von Exterieurmerkmalen

Der Begriff umfasst das Äußere eines Tieres. Wir unterscheiden Merkmale wie Fell und Ohren, Farbe und Zeichnung sowie Größe und Gewicht. Je nach Rasse gibt es verschiedene Erbkrankheiten. Am einfachsten informieren Sie sich anhand der jeweiligen Rassebeschreibung.

Ähnlich wie das Aussehen entwickelt sich auch das Verhalten des Hundes innerhalb eines vorgegebenen genetischen Rahmens.

Möchte man die Erblichkeit von Verhaltensmerkmalen untersuchen, so ist dies wesentlich schwieriger als die Untersuchung von Exterieurmerkmalen. Man kann untersuchen, ob eine Verhaltensweise überhaupt gezeigt wird und darüber hinaus kann man auch die Intensität des Verhaltens beurteilen.

Viele Verhaltensweisen werden durch mehrere Gene beeinflusst. Selbst wenn man versucht, Hunde unter gleichen Bedingungen aufzuziehen, ist eine Standardisierung der Erfahrungen, welche die Tiere machen, unmöglich. So spielt zum Beispiel die Umgebung, in der ein Hund aufwächst, bereits eine entscheidende Rolle in seiner Verhaltensentwicklung. Wächst der Hund auf einem Bauernhof auf, zeigt er eine andere Verhaltensentwicklung, als wenn er in einer Stadt aufwachsen würde. Eigenschaften werden zu unterschiedlichen Anteilen durch genetische Vorgaben bestimmt oder durch die Umwelt beeinflusst.

Vererbung von Verhaltensmerkmalen

Die meisten Exterieurmerkmale unterliegen nur in sehr geringem Maße einer Beeinflussung durch Umweltfaktoren, sie sind vielmehr zum größten Teil genetisch bestimmt. Entsprechend hoch ist die Erblichkeit solcher Merkmale und entsprechend leicht lassen sie sich züchterisch beeinflussen. Im Gegensatz dazu ist die Erblichkeit bei Verhaltensmerkmalen viel geringer. Sie unterliegen in stärkerem Maße einer Beeinflussung durch die Umwelt.

Meine Hündin Roma hat bezüglich ihrer Phobie auf unbekannte Personen alle erdenklichen Trainingsmaßnahmen erhalten. Mittlerweile habe ich ein Wurfgeschwister und zwei direkte Verwandte aus nachfolgenden Würfen dieser „Mischlingszucht“ kennen gelernt. Jeder dieser Hunde zeigt die gleichen Probleme in Bezug auf Menschen. Leider gibt es keine gesetzlichen Möglichkeiten, eine solche „Züchterei“ zu verbieten.

Das Züchten von Hunden dürfte meiner Meinung nach weder von wirtschaftlichen Interessen geleitet sein noch dürfte die Zuchtauswahl nach rein phänotypischen Aspekten (Erscheinungsbild) erfolgen. Das Wesen und die Gesundheit der Elterntiere muss im Vordergrund stehen.

Es ist viel komplizierter, Hunde mit einem bestimmten Verhaltensrepertoire zu züchten, als Hunde, die ein bestimmtes Aussehen besitzen.

4 Die Sinnesleistungen

Das Hundeauge

Früher gingen wir von der Annahme aus, dass Hunde nur Graustufen als „schwarz-weiß“ sehen können. Nach genaueren Untersuchungen wurde diese Meinung revidiert. Wir wissen heute, dass Hunde durchaus Farben sehen, jedoch etwas anders als wir.

Die Wissenschaft konnte mittlerweile nachweisen, dass der Hund bestimmte Farben deutlich wahrnimmt. Die Farben Blau-Indigo, Violett und Rot sind für den Hund gut sichtbar. Zwischen den Schattierungen der Farben Gelbgrün, Gelb, Orange und Rot kann er jedoch nicht unterscheiden. Letztgenannte Farben kann der Hund jedoch leicht von der Farbe Weiß auseinanderhalten. Das Auge des Hundes enthält wie bei allen Säugetieren zwei verschiedene Lichtrezeptoren. Die sogenannten „Stäbchen“ sind für das Sehen von Graustufen zuständig, die „Zapfen“ für das Farbsehen. Die Stäbchen beim Hund sind sehr viel zahlreicher und lichtempfindlicher als die Zapfen, welche für das Farbsehen sorgen.

Für die praktische Arbeit mit dem Hund bedeutet dies, dass er die Farben Gelb, Orange und Grün als gelblich wahrnimmt. Im Ge-

Abb. 5 *Romas schöne, amberfarbene Augen*

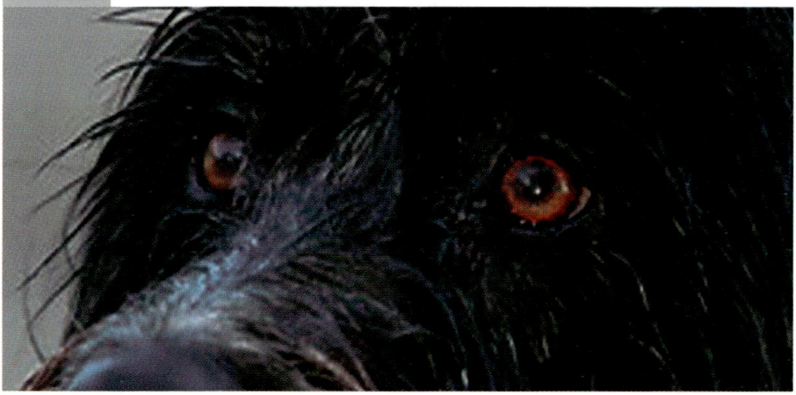

genzug Rot eher als Schwarz und Blau sowie Violett als Blau wahrnimmt. Treffen Sie doch daher eine andere Auswahl z. B. bei der Farbe des Spielzeuges – hier ist Blau zu empfehlen.

Bei Hunden ist im Gegensatz zu uns der Augenhintergrund verspiegelt, sodass einfallendes Licht vom Hintergrund des Auges reflektiert wird und die Stäbchen so noch einmal trifft. Hunde können in der Dämmerung daher sehr viel besser sehen als Menschen.

Die Sehschärfe ist geringer als die bei uns Menschen und auf Bewegungssehen optimiert. Stillstehende Dinge werden durch das Gehirn unterdrückt und somit kaum wahrgenommen. Der Hund sieht also weniger scharf, kann jedoch bewegliche Gegenstände zehnmal besser wahrnehmen als wir. Sicherlich haben Sie dies schon selbst beobachtet – dann, wenn der Hund an einer sich nicht bewegenden Katze unbeteiligt vorbeigeht. Bewegt die Katze sich aber plötzlich – dann beginnt die Jagd.

Der Bereich, in dem Mensch und Hund dreidimensional sehen können, ist mit 120 Grad gleich groß. Das Gesichtsfeld des Hundes ist insgesamt 70 % breiter als das des Menschen (240 Grad zu 200 Grad), was ein schlechteres räumliches Sehen, aber eine bessere Rundumsicht mit sich bringt. Dies liegt an der seitlichen Stellung der Augen. Daher kann der Hund Dinge hinter sich zum Teil sehen. Bei meinen eigenen Beobachtungen stelle ich fest, dass Hunde bis zu 5 Meter nach hinten sehen können. Fluchttiere wie z. B. Pferde können fast rundum sehen, da die Augen im Vergleich zu uns und auch zum Hund noch weiter seitlich stehen. Beobachten Sie doch die Augenstellung, wenn Sie das nächste Mal an einer Pferdekoppel vorbei gehen.

Wir Menschen können Gegenstände, die sich näher als ca. 10 cm vor unserem Auge befinden, noch scharf sehen. Der Hund kann seine Augenlinsen nicht wie wir Menschen krümmen und kann daher Objekte, welche näher als ca. 40 cm vor ihm sind, nicht mehr genau sehen. Daher ist es nicht sinnvoll, das Spielzeug zu nahe vor dem Hundekopf zu bewegen, um den Hund zum Spielen zu animieren.

Das Hundegehör

Hunde nehmen andere Frequenzbereiche als wir wahr. Sie können sehr viel höhere Töne hören. Diese Tatsache nutzt man bei den „lautlosen“ Hundepfeifen, die Töne oberhalb des menschlichen Hörbereiches erzeugen.

Hunde sind außerdem in der Lage, sehr leise Geräusche wahrzunehmen und sie können Geräusche aus einer viermal weiteren Entfernung hören als wir Menschen.

Abb. 6

Ich hör' dich gut

Wird im Training absichtlich darauf geachtet, Kommandos leise auszusprechen, so können Hunde hierfür sehr gut sensibilisiert werden. Es ist für alle Beteiligten auch viel angenehmer, wenn leise gesprochen wird. „Schreien war gestern" – durch leise Kommandos wird Ihr Hund Ihnen gegenüber aufmerksamer sein. Testen Sie es doch über einen ganzen Tag hinweg aus.

Die drei Bereiche des Hundeohres

- Das Außenohr (Ohrmuschel und Gehörgang)
- Das Mittelohr (Trommelfell, Gehörknöchel und die Ohrtrompete)
- Das Innenohr (Vorhof, Schnecke und Bogengänge)

Die beweglichen Ohrmuscheln des Hundes lassen ihn Geräuschquellen dreidimensional orten. Insgesamt 17 Muskeln sind für die Bewegung des Hundeohres zuständig. Selbst Hunde mit Schlappohren sind in der Geräuschortung nur knapp den „Stehohrigen" unterlegen.

Die Hundenase

Zu schnuppern ist für alle Hunde wichtig, weil sie durch die Auswertung der verschiedenen Gerüche umfangreiche Informationen über ihre Umwelt sammeln können. Besonders interessant sind für Hunde Urinmarken oder Kot von anderen Hunden, denn durch bestimmte Geruchsstoffe in den Ausscheidungen werden Informationen (war der andere Hund männlich, weiblich, läufig, dominant oder eher unterwürfig) von Hund zu Hund weitergegeben. Die Ausscheidung ist die Visitenkarte des Hundes.

Die Riechleistung eines Hundes übersteigt die des Menschen um ein Vielfaches. Grob zu erkennen ist das schon an der Anzahl der Riechzellen, wobei es aber zwischen den Hunderassen erhebliche Unterschiede gibt. Ganz grob kann man sagen, dass, je länger die Hundeschnauze, desto besser das Riechvermögen ist.

Der Mensch hat ca. 5 Millionen Riechzellen, der Dackel zum Beispiel ca. 125 Millionen und der Schäferhund sogar ca. 220 Millionen Riechzellen. Messungen haben ergeben, dass das Riechvermögen des Hundes etwa eine Million Mal besser ist als das des Menschen. Allein die Vorstellung, welche Gerüche wir Menschen als unangenehm oder angenehm empfinden, lässt mich vage ahnen, wie Hunde unsere Umwelt mittlerweile riechen mögen.

Beim „Schnüffeln“ atmet der Hund bis zu 300-mal in der Minute, sodass die Riechzellen ständig mit neuem Informationsmate-

Abb. 7

Ich riech' alles

rial versorgt werden. Selbst dieses schnelle Atmen und Riechen gelingt uns Menschen nicht. Im Gehirn werden dann die eintreffenden Daten ausgewertet. Letztendlich arbeitet das Gehirn unseres Hundes wie ein Hochleistungscomputer.

Schnüffel- und Sucharbeit lastet unsere Hunde sehr gut aus. Innerhalb kurzer Zeit können wir hierdurch unseren Liebling geistig und körperlich auslasten.

Die Spur im Unterschied

Die Mechanische Spur

Bei der Mechanischen Spur wird der Hund auf den Geruch von Verletzungen des Erdbodens, wie z. B. geknickte Pflanzen trainiert. Eine kreuzende, zur gleichen Zeit angelegte Spur kann so zu einer Fehlsuche führen, da beide Spuren gleichwertig für den Hund sind.

Die Geruchsspur

Die Geruchsspur driftet durch äußere Einflüsse, z. B. Wind, von der Mechanischen Spur ab, sammelt sich an windstillen Stellen oder wird an windigen Ecken stark verdünnt. Die Spur ist für den Hund eindeutig, weil jeder Duft/Geruch eine einmalige „Geruchsfarbe" hat.

Es ist zu beachten, dass Hunde „Stereo" riechen können, die Nase kann also „rechts und links" unterscheiden. Auf diese Weise ist der Hund fähig, die Richtung einer Spur zu beurteilen und selbst eine alte Spur zu verfolgen. Ausgebildete Hunde werden z. B. beim Zoll und für die Arbeit als „Mantrailer-Hunde" (Suchen von vermissten Menschen, z. B. verwirrte Ältere oder Jugendliche, welche nicht mehr nach Hause finden oder finden wollen) eingesetzt.

5 Verhalten, Körpersprache und Mimik

Verhaltenslehre

Während sich die unmittelbaren Auslöser für ein Verhalten meist gut identifizieren lassen, ist es oft viel schwieriger, deren biologische Funktion nachzuvollziehen. Dies gilt insbesondere für erlernte Verhaltensweisen. Die Geschichte der Verhaltensforschung wurde vor allem durch die Grundsatzfrage bestimmt, ob Verhaltensweisen in erster Linie vererbt oder erlernt beziehungsweise erworben sind. Heute wissen wir, dass für alle Verhaltensweisen ein genetischer Rahmen vorgegeben ist, der aber durch Lernerfahrungen mehr oder weniger stark beeinflusst wird. Die Tatsache, dass ein Verhalten gezeigt wird, und der Zeitpunkt, wann es zum ersten Mal auftritt, sind weitgehend vererbt.

Alle Hunde im Alter von ein bis drei Wochen lernen selbstständig zu sitzen – dieses Verhalten ist angeboren. Durch Training kann ihnen aber auch beigebracht werden, sich auf ein Kommando zu setzen. Man kann davon ausgehen, dass jedes Tier ein bestimmtes Verhalten nur dann zeigt, wenn es in einer Kosten-Nutzen-Rechnung zu dem Entschluss gekommen ist, dass es hierdurch einen Vorteil (Belohnung) bekommt oder einer Strafe entgeht.

Damit ein Hund überleben und sich fortpflanzen kann, müssen bestimmte Bedingungen vorhanden sein, diese bezeichnet man als Ressourcen. Diese sind die eigene körperliche Unversehrtheit, Nahrung und Wasser, Territorium mit eigenen Lagerplätzen, Sozialpartner und Fortpflanzungspartner. Sind diese Ressourcen knapp, können Konflikte zwischen konkurrierenden Artgenossen entstehen. Innerhalb des Rudels haben meist ranghohe Tiere den ersten und besten Zugang zu den Ressourcen.

Das Ziel, eine möglichst gute Position im Rudel einzunehmen, ist Hunden angeboren. Es ist sicherlich nicht das Ziel eines jeden Hundes, der Rudelchef zu werden und ebenso wenig möchte ein Hund bewusst am Ende der Rangfolge stehen. Es möchte auch nicht jeder Mensch Verantwortung übernehmen und Vorstandsvorsitzender eines großen Konzerns sein. Ein fein abgestimmtes Kommunikationsverhalten, Körpersprache und Mimik ermöglichen es, dass Hunde innerhalb eines Rudels zusammenleben können, ohne sich dauernd zu bekämpfen.

Die Funktionskreise der hündischen Verhaltensweisen

Möchten Sie Verhaltensauffälligkeiten korrigieren, ist es zunächst wichtig, das Normalverhalten eines Hundes zu kennen. Verhaltensweisen werden, je nachdem, welchem Zweck sie dienen, in unterschiedliche Kategorien, sogenannte Funktionskreise, eingeteilt.

Diese sind:

- Das Verhalten, das dem Stoffwechsel dient
- Das Sozial- und Kommunikationsverhalten
- Das Erkundungs- und Feindvermeidungsverhalten
- Das Territorialverhalten
- Das Spielverhalten

Auch Verhaltensprobleme und Störungen können einem Funktionskreis zugeordnet werden. Dadurch erhält man oft Hinweise auf den Auslöser eines Problems und kann geeignete Therapieansätze finden.

Konfliktverhaltensweisen und Verhaltensstörungen

Verhaltensweisen, die vom Normalverhalten abweichen, können in Konfliktverhaltensweisen und Verhaltensstörungen unterteilt werden:

- Umorientiertes Verhalten oder Handlung am Ersatzobjekt, an sich selbst, an Artgenossen oder an Objekten aus der Umwelt
- Leerlaufhandlungen (Handlung wird ohne Auslöser ausgeführt z. B. das Hin- und Herlaufen eines Hundes im Zimmer ohne äußeren Grund, sondern aus Langeweile)
- Übersprungshandlungen

Ambivalentes Verhalten ist ein schneller Wechsel zwischen zwei verschiedenen Verhaltensweisen, z. B. der Hund zeigt abwechselnd zuerst die Bereitschaft zu fliehen, dann jedoch im schnellen Wechsel die Bereitschaft anzugreifen.

Übersprungshandlungen werden oft in Konfliktsituationen gezeigt. Sie erfüllen eigentlich völlig andere Zwecke. Der Hund weiß dann nicht, was er eigentlich machen soll und rollt sich zum Beispiel auf den Rücken, statt das eigentliche Kommando zu befolgen. Übersprungshandlungen werden meist gezeigt, wenn zwei gleich starke Reize aufeinander treffen und der Hund nicht die Möglichkeit hat, beides auszuleben. Um dieser „Überreizung“ zu entfliehen, zeigt der Hund dann Verhaltensweisen, die gar nichts mit diesen Reizen zu tun haben.

Verhaltensstörungen sind dadurch gekennzeichnet, dass sie sich in Dauer und Häufigkeit des gezeigten Verhaltens deutlich vom Normalverhalten unterscheiden und meist unabhängig von direkten Einflüssen aus der Umwelt gezeigt werden. Oft führt eine Verhaltensstörung auf Dauer zu einer Schädigung des einzelnen Tieres.

Stereotypien

Beim Hund stellen Stereotypien die wohl häufigste Form der Verhaltensstörungen dar:

- Lauf- und Bewegungsstereotypien (Kreislaufen im Zwinger)
- Stereotypien aus dem Bereich der Nahrungsaufnahme (z. B. Koppen bei Pferden)
- Stereotypien aus dem Bereich der Körperpflege (z. B. ständiges Pfotenlecken)
- Selbst stimulierende Stereotypien oder selbst verletzende Stereotypien (sich selbst belecken bis zum Wundsein oder bis zur sexuellen Stimulation)

Heute wird vermutet, dass es durch das Ausführen von Stereotypien zu einer Ausschüttung von Endorphinen im Gehirn kommt. Verhalten wird sowohl durch genetische Vorgaben als auch durch Umwelteinflüsse bestimmt. Genetische Faktoren stellen den Rahmen, vor dem das Verhalten durch die Umwelt modifiziert werden kann. Die Beeinflussung durch die Umgebung kann zu verschiedenen Zeitpunkten stattfinden. So wird ein Lebewesen bereits im Mutterleib durch seine Umwelt beeinflusst; nach der Geburt treten weitere Reifungsprozesse sowie Prägung und Lernen im engeren Sinn hinzu.

Verhaltensentwicklung

Sie wird durch Vererbung und Umwelt beeinflusst und in mehrere Phasen unterteilt. Der Hund hat seine Verhaltensweisen dann zur Verfügung, wenn er sie benötigt. Einige Verhaltensweisen sind von

Geburt an vorhanden, andere treten zu einem bestimmten Zeitpunkt spontan auf, ohne dass sie vorher schon einmal gesehen wurden. Beim Hundewelpen sind von Geburt an alle wesentlichen Gehirnzellen vorhanden.

Das Gehirn muss nun mit möglichst vielen Informationen (Alltag, Geräusche, Verkehr, Menschen, Tiere …) versorgt werden, um dadurch die Bildung von Nervenverbindungen (Synapsen) zwischen den einzelnen Zellen im Gehirn zu fördern.

Die verschiedenen Phasen der Verhaltensentwicklung zeige ich Ihnen nachfolgend anhand der Entwicklung meiner jüngsten Hündin „Ria“:

Abb. 8 *Ria mit ihren Geschwistern*

Abb. 9 *Mit drei Wochen – ich kann schon alleine sitzen*

Abb. 10 *Mit 9 ½ Wochen*

Abb. 11 *Nach weiteren 9 Wochen mit fast 5 Monaten – vom Hündchen zum Hund*

1. Neugeborenenphase – der Welpe ist 1 bis 14 Tage alt

- Die Welpen sind noch blind und taub.
- Die Augen und Ohren sind noch geschlossen.
- Berührung, Geschmack, Schmerz und Kälte werden vom Welpen ab der Geburt empfunden.
- Die Welpen können schon kriechen.
- Das Welpenlager wird nicht verlassen.
- Das Gehirnvolumen umfasst bereits 8–10 Kubikzentimeter.
- Kot und Urin wird abgesetzt und durch Lecken der Mutter entsorgt.
- Die Nähe von Mutter und Geschwistern ist wichtig für die körperliche Entwicklung und Stimulation des Nervensystems.
- Die Stressresistenz, das Selbstbewusstsein und die Lernfähigkeit werden durch die Nähe zur Mutter und zu den Geschwistern positiv beeinflusst.

2. Übergangsphase – der Welpe ist 15 bis 21 Tage alt

- Der Welpe zeigt bereits Verhaltensweisen von erwachsenen Hunden.
- Die Augen und Ohren öffnen sich.
- Die Welpen kriechen zielgerichtet und verlassen ihr Lager.
- Kot- und Urin-Absatz erfolgen selbstständig außerhalb des Welpennestes.
- Die Welpen suchen Kontakt zu Artgenossen.
- Allein gelassene Welpen schreien nach ihren Freunden.
- Sie wedeln mit dem Schwanz und beißen mit den ersten Milchzähnen.
- Beim Welpen beginnt des Lernverhalten.
- Die ersten Schreckreaktionen mit Zurückweichen vor unbekannten Dingen beginnt.
- Die Welpen können mit 3 Wochen selbstständig sitzen.

3. Sozialisationsphase – der Welpe ist 4 bis 16 Wochen alt

- Beginn der Sozialisation (Gewöhnung an die belebte Umwelt und an den Sozialpartner Mensch).
- Start der Habituation (der Welpe gewöhnt sich an Autos, Verkehr, Alltagsgeräusche und vieles mehr).

- Das Gehirn entwickelt sich bis zur 8. Lebenswoche auf ein Volumen von 50–60 Kubikzentimeter, bis zur 16. Lebenswoche bis auf 80 Kubikzentimeter.
- Die Entwicklung der Kommunikation mit Sozialpartnern beginnt.
- Die Welpen erkunden intensiv und neugierig ihre Umwelt.
- Die Welpen können nun bereits Angst empfinden.
- Alle Sinnesorgane sind weitgehend ausgereift.
- Die Lernfähigkeit der Welpen entspricht nun der von erwachsenen Hunden.

Die Entwöhnung von der Mama führt zur Entwicklung der individuellen Frustrationstoleranz (= die individuelle Fähigkeit, Enttäuschungen zu kompensieren oder Bedürfnisse aufzuschieben, ohne dabei in Aggression oder Depression zu verfallen). Bei Menschen wie auch bei Hunden wird der Begriff Sozialisation verwendet, um die Prägung auf Umweltreize zu beschreiben. Nur gut sozialisierte Welpen werden später sozialverträgliche Hunde. Die Hundeentwicklung wird vom Erbgut, seiner Sozialisation und seiner Erziehung bestimmt.

Unzureichend sozialisierte Hunde haben immer Schwierigkeiten, sich im Leben zurechtzufinden. Sie neigen oft zu ängstlichem oder auch zu aggressivem Verhalten sowie zu anderen Verhaltensstörungen. Ein sorgfältig sozialisierter Hund hingegen hat gelernt, friedfertig und aufgeschlossen mit allen Menschen und anderen Haustieren umzugehen.

4. Jugendphase vom 5. Lebensmonat bis zum Eintritt der Geschlechtsreife

- Der Zahnwechsel ist in vollem Gange.
- Das Territorialverhalten beginnt.
- Rüden lernen zu markieren (große Rassen etwas später).
- Einsetzen von Rangverhaltensmustern.
- Die Beziehung zueinander in der Gruppe und das Sexualverhalten nehmen zu.
- Der Eintritt der sexuellen Reife ist meist mit knapp 1 Jahr.
- Das Gehirnvolumen hat nach 12 Monaten seine volle Größe von ca. 100 Kubikzentimeter erreicht (beim erwachsenen Menschen ca. 1200 Kubikzentimeter).
- Die soziale Reife tritt je nach Rasse ab dem 18. Lebensmonat ein. Dies kann bis zum 36. Monat dauern.

Sozialverhalten

Als Sozialverhalten bezeichnet man Verhaltensweisen, die sich auf Lebewesen der gleichen Art (Hunde untereinander, Katzen untereinander, Pferde unter sich ...) beziehen. Hierzu zählt auch das Ausdrucksverhalten und Spielverhalten. Das Verhalten der Hunde ist mehr oder weniger verändertes Wolfsverhalten. Die Tiere, die im Rudel in der Wildnis zusammenleben, entwickeln eine sehr differenzierte Rangordnung, die durch Mimik und Körpergesten erhalten oder verändert wird.

Kopf und Rute erheben, Zähne blecken, Nackenhaare sträuben sind z. B. Zeichen von Überlegenheit. Rute einziehen, Kopf senken sind Zeichen von Unterwürfigkeit. Auch der Geruchssinn ist ein wichtiger Teil der innerartigen Verständigung. Hunde beriechen die Genitalien, um z. B. das Geschlecht, Alter, Gesundheitszustand und Geschlechtsreife des anderen Hundes festzustellen. Hunde verständigen sich unter anderem mit sogenannten Duftmarken (Urinspritzer und Kotausscheidungen).

Ausdrucksverhalten/Körpersprache

Beim Hund ist die Kommunikation über die Körpersprache bestens entwickelt. Hunde kommunizieren mit ihren Sinnesorganen (Hören, Riechen, Schmecken, Berühren und Sehen) und durch ihre Körpersprache (Stellung von Gliedmaßen, Kopf, Hals, Rumpf und Schwanz sowie durch Gesichtsmimik, Augenausdruck und Ohrstellung ...).

Hunde unterhalten sich nicht durch Bellen. Einzig über Töne (Heulen, Winseln und Knurren) macht der Hund auf sich aufmerksam und zeigt seine Stimmungslage.

Der fröhliche Hund tobt herum und fordert andere zum Spiel auf; der ängstliche Hund weicht aus, macht einen Buckel, duckt sich und klemmt den Schwanz ein.

Der Selbstbewusste macht sich groß, sträubt das Nackenfell, stellt die Rute auf, zieht die Ohren nach vorn und die Nase kraus, der Gang wird steif und der Blick wird stechend.

Durch die Zucht entstandene Unterschiede im Aussehen (z. B. fehlendes Fell der Nackthunde, Hunde ohne Rute) beeinflussen die Verständigungsmöglichkeiten untereinander. Manche Rassen können leider Signale nur noch undeutlich zeigen bzw. andeuten. Missverständnisse können nur vermieden werden, wenn Hunde auch Mimik und Körpersprache anderer Rassen kennen lernen.

Schuldbewusst aussehende Hunde haben „kein schlechtes Gewissen“. Dies wird von uns Menschen zwar so interpretiert, ist jedoch ein reines Meideverhalten und zeigt Beschwichtigungsgesten. Unser Hund sieht in diesem Moment an unserem Verhalten, dass er etwas falsch gemacht hat oder weiß aus der Vergangenheit, dass er bislang für solch ein Verhalten bestraft wurde.

Haltung, Form und Bewegung der Rute

- Ist die Rute aufrecht, zwischen waagerecht und senkrecht, weist dies auf den eigenen dominanten Rang hin.
- Ist der Schwanz gehoben, mit steifem oder scharfem Knick, zeigt dies die aggressive Angriffstendenz.
- Trägt der Hund seine Rute aufrecht, leicht über den Rücken gekrümmt, zeigt er Selbstbewusstsein und Dominanz.
- Die waagerechte, vom Körper weg gerichtete, nicht starre Rute ist ein Aufmerksamkeitszeichen.
- Die waagerechte und starr vom Körper weg gerichtete Rute hingegen ist ein Aggressionszeichen (es kommt jedoch selten zu Gewalt).
- Ist die Rute zwischen die Beine geklemmt, bedeutet dies Unsicherheit oder Angst.

Abb. 12

- Gesträubte Haare auf dem ganzen, gestreckten Schwanz zeigen die Kampfbereitschaft.
- Schnelles Wedeln mit dem Schwanz ist ein Zeichen von Erregung oder Anspannung.
- Leichtes Wedeln mit kurzem Ausschlagen ist häufig ein Begrüßungszeichen oder ist die Reaktion auf unsere Zuwendung.
- Ein breites Wedeln mit so kräftigen Schwüngen, dass die Hüften ins Wackeln kommen, zeigt die Begrüßung vor allem von Bezugspersonen und Respektpersonen.

Das Rutenwedeln dient, wie bereits schon beschrieben, auch der „geruchlichen" Kommunikation. Die Analdrüsen im Bereich des Afters produzieren ein Sekret, das die persönliche Duftmarke des Hundes ist. Beim Wedeln wird die Produktion angeregt und durch die hochgetragene Rute gut verteilt. Selbstbewussten Hunden ist es also ein Muss, ihren Duft zu verteilen, unterwürfige Hunde bedecken die Analdrüsen mit der Rute. Ebenso ist das Markieren mit Urin eine Hundebotschaft. Selbst wir Menschen zeigen abgewandelte Markierungshandlungen, wie z.B. den eigenen Namen in einen Baum schnitzen oder auf einen Felsen schreiben. Schwanz wedelnde Hunde müssen also nicht freudig gestimmt sein. Es kommt auf die restliche Körpersprache an. Nur Hunde, welche mit dem ganzen Hinterteil wedeln (Ententanz), freuen sich. Das Wedeln alleine mit der Rute zeigt nur die Aufmerksamkeit des Tieres.

Das Fell

Das Aufstellen des Felles dient beim Hund zur Unterstreichung und Verdeutlichung seiner Stimmung.

Diese kann sich wie folgt zeigen:

- Ein aufgestelltes Fell zwischen den Schulterblättern zeigt Selbstsicherheit und Dominanz. Gemeinsam mit einer aufgestellten Rute ist es eine Drohgebärde.
- Über den ganzen Rücken gesträubtes Fell zeigt die Unsicherheit und Ängstlichkeit des Hundes.
- Gesträubtes Haar an der Rute ist ein Aggressionszeichen.

Die Ohren

Hunde verfügen mit ihrer Ohrenstellung über ein breites Spektrum von Stimmungsbarometern. Sage und schreibe 17 Muskeln bewegen das Ohr des Hundes. Das Spektrum an Ohrbewegungen ist daher gewaltig. Sie haben sicher auch schon beobachtet, dass jedes Ohr in eine andere Richtung geschwenkt und gedreht werden kann.

Die Ohrstellung bedeutet:

- Aufrechte Ohren, aufrecht oder leicht nach vorn bewegte Ohren bedeuten Aufmerksamkeit.
- Ohren deutlich nach vorn gerichtet in Verbindung mit gefletschten Zähnen und in Falten gelegter Nase bedeuten eine aktive, aggressive Drohung.
- Sind die Ohren flach zurück gelegt in Verbindung mit gefletschten Zähnen und in Falten gelegter Stirn, ist dies ein aggressives Signal.
- Befinden sich die Ohren zurück und an den Kopf gelegt, mit nicht sichtbaren Zähnen, glatter Stirn und den Körper in tiefer Position, so haben wir eine aktive und friedensverlangende Geste.

Nur durch die Kombination von Ruten- und Fellsignalen kann ein angreifender Hund von einem sich unterwerfenden Hund unterschieden werden. Durch die Züchtungen und Überzüchtungen können leider viele Körpersignale der Hunde nicht mehr gedeutet werden.

Die Augen und die Stirn

Durch die direkte Zuwendung seines Gesichtes zum Gegenüber zeigt sich der Hund interessiert, selbstsicher oder drohend. Dreht der Hund sein Gesicht ein wenig zur Seite und vermeidet somit den Augenkontakt, bedeutet dies Unsicherheit, Angst oder Unterwerfung. Der Blick ist dabei unruhig und ungerichtet.

Auch ein Hund, der zum Spielen auffordert, schaut am Partner vorbei. Ein selbstsicherer und drohender Hund wird den Kopf leicht senken, indem er das Kinn zur Brust biegt und der Kopf auf Höhe des Rückens liegt.

Ein ängstlicher oder unsicherer Hund senkt den Kopf oder zieht ihn ein. Ein offensiv aggressiver Hund hebt den Kopf. Dagegen hält ein aufmerksamer Hund seinen Kopf leicht schräg.

Blinzelnde Hunde versuchen das Konfliktpotenzial des Gegenübers abzuschwächen. Dies geschieht, ohne dass der Hund seinen Rang aufgibt, also mit einem Unentschieden.

Allgemeine Regeln zu den Augensignalen:

- Je größer die Pupille, desto stärker ist der Hund emotional beteiligt und erregt.
- Je größer und runder die Augen, desto dominanter und drohender wirkt das Signal.
- Je kleiner das Auge aussieht, desto stärker ist seine besänftigende Wirkung und desto unterwürfiger stellt sich der Hund dar.

Die Hundeschnauze

Aus dem Signal des Zähnebleckens allein lässt sich noch keine Angriffsbereitschaft ablesen.

Erst wenn der Hund die Oberlippe nach oben zieht, die Zähne des Oberkiefers zeigt und die Mundwinkel nach vorne zieht, dann ist er in seiner Drohung selbstsicher.

Zieht er aber die Mundwinkel nach hinten und entblößt die gesamte Zahnreihe, ist er unsicher und ängstlich.

Die Mimik der Mundwinkelbewegung ist jedoch bei vielen Rassen aufgrund starker Behaarung kaum noch erkennbar.

Abb. 13

Die Körperhaltung insgesamt

Hunde verfügen über sehr viele feine Abstufungen ihrer Körperhaltung und Gesichtsmimik. Gerade die Mimik eines Hundes kann sehr schnell wechseln und man braucht große Übung, die Stimmung des Hundes anhand seiner Mimik zu erkennen. Der Hund kann mit Hilfe seiner Körperhaltung eine Vielzahl von Stimmungen ausdrücken. Übermittelt werden dadurch meist soziale Informationen.

Abb. 14

Heute geh' ich aus

Normales Erscheinungsbild

Der Körper ist aufrecht, die Muskeln sind entspannt und die Bewegungen sind harmonisch. Der Schwanz hängt locker nach unten, die Augen blicken lebhaft und interessiert und die Ohren werden unabhängig zur Geräuschwahrnehmung bewegt.

Imponier- und Drohhaltung

Aufrechter Körper, angespannte Muskeln und steife Bewegungen. Die Nacken- und Rückenhaare sind gesträubt, die Ohren stehen gerade nach oben oder vorne, die Augen blicken starr auf die drohende Gefahr, der Hund knurrt, die Lefzen sind hochgezogen und ab und an bellt der Hund (dies kann schnell in Aggression umschlagen).

Angsthaltung

Runder Rücken, die Hinterbeine sind leicht eingeknickt, der Hund duckt sich zusammen und der Kopf ist gesenkt. Die Ohren liegen flach am Kopf und zeigen nach hinten, die Mundwinkel werden nach hinten gezogen und die Zähne werden sichtbar (wird dieser Hund angegriffen, läuft er entweder davon oder greift selbst an).

Aggressionshaltung

Anzeichen ist ein lautes heftiges Bellen oder ein tiefes Grollen mit geöffnetem Fang. Die Muskulatur des Hundes ist angespannt, die Ohren stehen aufrecht und die Augen fixieren den Gegner. Die Rute steht waagerecht oder senkrecht und die Rücken- und Nackenhaare sind gesträubt. Der Hund ist bei dieser Haltung bereit anzugreifen.

Erwartungshaltung

Der Hund hat eine lockere Körperhaltung, die Muskeln sind nur leicht angespannt. Der Kopf ist aufgerichtet und der Schwanz wedelt. Die Ohren zeigen nach oben, die Augen blicken neugierig, das Maul ist leicht geöffnet und der Hund hechelt.

Spielhaltung

Der Körper ist locker und der Hund bewegt sich ruckartig, schnell und etwas übertrieben. Er wedelt heftig mit dem Schwanz, die Ohren stehen oder zeigen leicht nach hinten, die Augen vermitteln mit leicht nach hinten gezogenen Mundwinkeln einen freundlichen und erwartungsvollen Ausdruck. Die Vorderbeine liegen dabei gerne flach auf dem Boden; dies wird Vorderkörpertiefstellung oder Spielhaltung genannt.

Dominanzhaltung

Das Auflegen des Kopfes oder einer Pfote auf den Rücken eines anderen Hundes oder Menschen bedeutet Dominanz oder das Erstreben einer höheren Rangstellung. Mit aufrechter Körperhaltung und steifem Gang zeigt der Hund seine Dominanz und seine Bereitschaft, seine Autorität, zur Not auch durch einen Kampf, nicht in Frage stellen zu lassen.

! **Erst das Zusammenspiel von Augen, Ohren, Gesichtsmimik, Rutenhaltung, Haarstellung und Gang bzw. Körperhaltung ergeben die Hundesprache. Dabei kann der eine oder andere Faktor mal mehr, mal weniger deutlich zu sehen sein. Das ist mitunter auch rasseabhängig.**

Spielverhalten

Spielen ist wichtig für die Verhaltensentwicklung von Hunden. Es gibt ihnen die Möglichkeit, ihre motorischen und sozialen Fähigkeiten zu trainieren. Spielen kann außerdem dazu dienen, Konflikte auszutragen und Stress abzubauen. Im Spiel werden Verhaltenselemente verschiedener Funktionskreise miteinander vermischt. Im Spiel wechselt die Rollenverteilung häufig, es gibt daher keine echten Über- oder Unterlegenen.

Spielsignal ist die tiefe Stellung des Vorderkörpers, ein schnelles Hochspringen oder das Springen im Kreis. Ebenso ist plötzliches Rennen, aber auch das Anstoßen des Partners mit der Vorderpfote eine Spielaufforderung.

Im Spiel erlernen Welpen sowohl die Beißhemmung zu Artgenossen und Menschen sowie die Rangordnung.

Beißt ein Hund im Spiel den Menschen, wird das Spiel unverzüglich unterbrochen.

Beim Spielen mit dem Herrchen oder Frauchen lernt der Hund, dass er dem Menschen vertrauen kann – dies fördert die Bindung.

Spielen Sie mit Ihrem Hund nur in einer entspannten Umgebung und beginnen und beenden Sie das Spiel, solange es noch interes-

Abb. 15

Komm – lass uns spielen

sant ist. So halten Sie die Spielhaltung für das nächste Mal hoch. Sie können die Spielzeit mit Ihrem Hund auch mit einem Kommando z.B. „it's showtime" belegen. Somit können Sie den Hund beim nächsten Mal gleich richtig heiß auf Ihr gemeinsames Spiel machen.

Ich halte sehr viel davon, mit einem Ball am Körper von uns Menschen mit dem Hund zu spielen. Den Ball wegwerfen und den Hund hinterher jagen zu lassen ist meiner Auffassung nach ein aktives Wegschicken des Hundes nach dem Motto – weit weg von mir ist es interessanter. Mischen Sie am besten die Spielvarianten.

Die Spielarten

- Berührungsspiele: Balgen und Toben mit dem Hund mit dem Ziel der Vertrauensgewinnung und dem Erlernen der Beißhemmung.
- Geschicklichkeitsspiele: Ein Hindernislauf im Haus oder draußen steigert das Geschick, den Mut und das Vertrauen.
- Entdeckungsspiele: Kennenlernen von Wecker, Staubsauger und anderen Dingen des menschlichen Alltags, um Angst abzubauen bzw. die Umweltgewöhnung vorzunehmen.
- Futterspiele: Futter oder Leckerchen werden im Raum oder draußen versteckt, um die Hundenase zum Einsatz zu bringen. Ebenso können durch den Einsatz von Leckerchen auch tolle Kunststücke einstudiert werden.

Sämtliche Spielarten steigern nicht nur die Bindung des Hundes zum Frauchen oder Herrchen, sondern bieten für den Hund eine abwechslungsreiche Arbeit. Die Auslastung des Hundegehirns und der Feinmotorik sind eine ideale Ergänzung zu den täglichen Spaziergängen.

Kämpferisches (agonistisches) Verhalten

Agonistik bezeichnet das Verhalten von zwei Hunden gegeneinander. Ob es zu agonistischen Verhaltensweisen kommt, hängt von den Erfahrungen der beiden Tiere ab, wird beeinflusst durch die jeweiligen räumlichen und körperlichen Gegebenheiten und ist abhängig davon, ob die Tiere sich bedroht fühlen. Die Kontrahenten können prinzipiell vier verschiedene Verhaltensstrategien zeigen:

Abb. 16 *Spiel- und Bindungsarbeit am Körper des Hundeführers*

- Kampf (Aggression)
- Flucht (Angst)
- Erstarren (Angst)
- Beschwichtigung (Angst)

Ist eine Flucht nicht möglich und zeigen Beschwichtigungsgesten keinen Erfolg, bleibt dem Tier kein anderer Ausweg als der Angriff, bis letztendlich die Tiere versuchen, wieder mehr Distanz zwischen sich und den Gegner zu bringen. Dies kann durch eigene Flucht oder Flucht des Gegners geschehen, aber auch dadurch, dass sich beide voneinander abwenden. Da Hunde mit Zähnen bewaffnet sind, ist ein ritualisierendes Verhalten notwendig, damit nicht jede Auseinandersetzung gleich zu ernsthaften Verletzungen führt. Hierzu gehört das Imponier- und Drohverhalten und auf der anderen Seite das aktive und passive Demutsverhalten mit einer Vielzahl von Beschwichtigungssignalen.

Beschwichtigungssignale

Imponiergehabe

Die Individualdistanz des Gegners wird eingehalten, die Tiere bleiben auf Abstand. Der Blick geht am Kontrahenten vorbei. Die Tiere machen sich groß, der Schwanz wird hoch getragen, Kopf und Hals sind aufrecht, die Nackenhaare werden aufgestellt, die Gliedmaßen sind durchgedrückt und der Gang ist federnd.

Drohverhalten

Die Tiere beziehen Angriffsstellung, greifen aber nicht wirklich an. Der Gegner wird mit dem Blick fixiert. Die Tiere bellen, knurren, blecken die Zähne und runzeln den Nasenrücken. Je unsicherer das Tier ist, desto mehr Zähne zeigt es dabei.

Aktive Demut

Erfolgt zum Beispiel bei der Begrüßung ranghoher Rudelmitglieder. Typisch sind eingeknickte Gliedmaßen, schnelles und tiefes Schwanzwedeln, Schnauzenlecken und Maulwinkelstoßen. Die Bewegungen (Wedeln, Ohranlegen) sind sehr schnell.

Passive Demut

Der Blick ist abgewandt, die Ohren sind angelegt, oft wird eine Vorderpfote gehoben. Die Tiere machen sich klein und werden starr, dabei können sie sich auf den Rücken rollen. Manchmal gehört unterwürfiges Urinieren dazu.

6 Lernverhalten und Lernformen

Der biologische Erfolg zu überleben und sich fortzupflanzen hängt davon ab, was ein Lebewesen in einer Situation unternimmt. So manches Verhalten ist angeboren und vorgegeben. Durch Lernen kann ein Lebewesen seine Verhaltensweisen an die verschiedensten Situationen seiner Umwelt anpassen und neue Verhaltensweisen erlernen.

Die Tatsache, wie sich unsere Umwelt die letzten 100 Jahre verändert hat, bringt auch große Veränderungen bei unseren Hunden mit. Allein der Fahrzeugverkehr und die Anzahl der Grünflächen sind genug Beispiel für die Veränderung des Hundelebensraumes.

Ebenso werden Hunde als Haustier heute ganz anders gehalten. Hunde wurden mittlerweile sogar zum Ersatzlebenspartner, da die Hundeliebe oft ehrlicher und treuer ist als die von so manchem Ehemann oder mancher Ehefrau in unserer schnelllebigen Zeit. Die Scheidungsrate von Hund und Herrchen oder Frauchen ist wahrscheinlich niedriger als die Scheidungsrate von menschlichen Paaren.

Prägung und prägungsartiges Lernen

Es ist dadurch gekennzeichnet, dass es eine bestimmte Phase gibt, in der ein Verhalten erlernt wird. Dieses Zeitfenster nennt man die sensible Phase. Die Prägung funktioniert, ohne dass der Hund eine unmittelbare Belohnung für sein Verhalten erhält. Was auf diese Weise gelernt wurde, kann nur sehr schwer wieder rückgängig gemacht oder vergessen werden.

Klassische Konditionierung/Gegenkonditionierung

Die Klassische Konditionierung wird auch als Assoziatives Lernen bezeichnet. Sie wird am einfachsten am „Pawlowschen Hund“ erklärt (Ivan-Petrowitsch Pawlow, 1849–1936, Wissenschaftler und Nobelpreisträger).

Abb. 17

Immer bevor der Hund gefüttert wurde, ertönte eine Glocke. Nach wenigen Wiederholungen reichte allein der Glockenton aus, um den Speichelfluss des Hundes anzuregen. Auf ähnliche Weise können nicht nur Reflexe, sondern auch komplexere Verhaltensweisen erlernt werden.

Diese Methode kann auch als Gegenkonditionierung bei Verhaltensproblemen eingesetzt werden. Regt sich der Hund zum Beispiel fürchterlich auf, sobald er einen anderen Artgenossen sieht, kann man ihm jedes Mal, ohne Kommando, einen Leckerbissen geben.

Wir Hundehalter müssen den Erreger des unerwünschten Verhaltens vor unserem Hund sehen und unseren Hund freundlich und vor allem aktiv auf den Erreger aufmerksam machen. Bellt unser Hund z. B. gerne andere Hunde an, dann werden wir unserem Hund, sobald wir zuerst einen anderen Hund entdecken, freudig zurufen: „Schau mal, wer da kommt!" – und geben ihm sofort ein Leckerchen. Mit genügend Wiederholungen wird der Hund lernen, dass der Anblick des anderen Hundes das Signal für das Leckerli darstellt, das er sich bei seinem Besitzer abholen kann.
Für die Klassische Konditionierung ist bekannt, dass sie umso besser funktioniert, je sicherer ein Reiz eine bestimmte Abfolge hat. Es kommt einzig und allein auf die zeitliche Kopplung zweier Ereignisse an, wobei eines der Ereignisse ein reflexartig gesteuertes Verhalten beim Hund auslösen muss und das andere einen belohnenden Charakter hat.
Ein weiteres Beispiel ist das Versäubern (Kot- oder Urinlassen) auf Kommando. Dies kann klassisch konditioniert werden,

indem möglichst innerhalb einer Sekunde vor oder im Alltag zeitgleich mit der Versäuberung dem Hund ein spezielles Sprachkommando gegeben wird. Nach einer ausreichend hohen Anzahl an Wiederholungen der Verknüpfungsübung wird der Hund das Verhalten dann direkt auf das konditionierte Sprachsignal hin zeigen. Meine Hunde können sich mittlerweile beide auf Kommando lösen.
Auf das Kommando „Wasser marsch" den Urin und auf „mach dein Geschäft" den Kot.

Operante oder instrumentelle Konditionierung

Diese Konditionierung wird im Training sehr häufig angewandt. Hier werden positive oder auch negative Verstärker eingesetzt, um die Wahrscheinlichkeit zu erhöhen, dass eine Verhaltensweise in Zukunft häufiger oder seltener gezeigt wird. Das Tier erhält dafür, dass es eine bestimmte Handlung ausführt, etwas Angenehmes. Es lernt diese Handlung als Instrument einzusetzen, um eine Belohnung zu bekommen.

Beispiele aus dem menschlichen Leben für Lernen durch Verstärkung ist z. B., wenn ein Kind seiner Mutter beim Putzen hilft, weil es dafür Schokolade bekommt oder der Ehemann wird von seiner Frau gelobt, wenn er kocht.

Auch diese Form des Lernens kann angewandt werden, wenn der Hund ein Verhaltensproblem zeigt. Soll er beispielsweise seinen Besitzer anschauen, anstatt andere Hunde anzubellen, bringt man ihm zunächst ohne Ablenkung bei, dass er sich durch das Anschauen des Besitzers ein Leckerli erarbeiten kann. In einem zweiten Schritt muss dies dann auch in Anwesenheit anderer Hunde geübt werden.

Einsatz von Verstärkern

Es gibt vier Möglichkeiten Verstärker einzusetzen:

1. Positive Verstärkung

Man gibt dem Hund eine Belohnung (Leckerli, Streicheln, verbale oder Clicker-Belohnung, Spielen).

Vorteil:

- Ist fehlertolerant und hat hervorragende Erfolge.
- Mittel- bis langfristig wird eine enge Bindung aufgebaut.
- Steigert die Arbeitsmoral des Hundes.
- Positive Verstärkung stresst den Hund nicht.
- Der Hund ist auf alles, was mit dem Training zu tun hat, positiv gestimmt.

Nachteil:

- Ist der Hund satt und/oder müde, nützt die beste Belohnung nichts.
- Die Gefahr der unbewussten Belohnung von unerwünschtem Verhalten ist bei falschem Timing groß.

2. Negative Verstärkung

Hierbei wird repressiv z. B. durch Bedrohung, Zwang, Zug am Halsband, Drücken, Würgen ... auf den Hund eingewirkt.

3. Positive Bestrafung

Man fügt etwas Unangenehmes hinzu (der Hund bekommt einen Klaps, wenn er etwas nicht macht oder bekommt ein Zughalsband an).

4. Negative Bestrafung

Etwas Angenehmes wird entfernt, z. B. man entzieht dem Hund das Objekt seiner Begierde oder die Aufmerksamkeit (Ignorieren – dies wird nachfolgend nochmals beschrieben).

! **Mit den Techniken der positiven Belohnung/Verstärkung und der negativen Strafe zu arbeiten, führt zum schnellsten Lerneffekt, denn Hunde richten ihr Leben danach aus, wie sie am einfachsten Angenehmes erreichen oder behalten können.**

Die Methode des negativen Verstärkens und der positiven Strafe ist bis auf wenige Ausnahmen (z. B. die Methode Möbel mit Pfeffer einzureiben, damit der Welpe nicht daran rumkaut) abzulehnen.

Lernen durch Beobachten und Einsicht

Diese Lernformen werden auch als Nachahmung bzw. soziales Lernen bezeichnet. Die meisten Hunde lernen jedoch kaum komplexe Handlungen durch das Beobachten von Artgenossen oder Menschen.

Für alle genannten Lernarten gilt, dass sie in stressfreier Umgebung wesentlich effektiver ablaufen. Dies liegt daran, dass die Ausschüttung von Stresshormonen die Lern- und Gedächtnisleistung im Gehirn herabsetzt.

Generell sollte man also versuchen, Lernsituationen für alle Beteiligten so stressarm wie möglich zu gestalten, weil dann die besten Erfolge erzielt werden können.

Bei schmerzhaften Erfahrungen reicht schon ein einziges Erlebnis aus, um eine sichere Verknüpfung zu erreichen. Dies erklärt, warum ängstliches Verhalten so schnell gelernt wird. Die Lerngrenzen sind da erreicht, wo so starke Gefühle ausgelöst werden, dass die dabei erzeugte Erregung in Stress ausartet. Jegliches Training ist dann abzubrechen.

Abb. 18 *Ein Bild sagt mehr als tausend Worte*

Trainingsdosierung und Timing

Verlangen Sie nicht zu viel auf einmal und verlangen Sie es im richtigen Augenblick. Unterbrechen Sie Ihr Training immer wieder mit einem Spiel, um den Hund und sich selbst geistig und körperlich aufzulockern.

Trainieren Sie täglich nicht länger als 3 × 4 bis 5 Minuten mit Ihrem jungen Hund. Später können Sie gerne auf 3 × 10 Minuten je Tag steigern. Erfolg haben Sie, wenn Sie eine Trainingssituation schaffen, in der eine hohe Wahrscheinlichkeit besteht, dass der Hund die angestrebte Handlung ausführt.

Schreiben Sie sich Ihre eingeführten Kommandos auf – so weiß die ganze Familie dann Bescheid und der Hund wird nicht irritiert. Üben Sie nur, wenn Sie selbst gute Laune haben.

Führen Sie doch einfach Ihr eigenes Trainingstagebuch. So sehen Sie die Veränderungen Ihres gemeinsamen Trainings am besten und können sich immer neue Ziele vornehmen und vor- sowie nachhalten. Notieren Sie z. B., wie lange Ihr Hund im Platz, bei welchem Abstand, zu Ihnen liegen kann. Steigern Sie die Übung nun täglich.

Motivation

Machen Sie sich für Ihren Hund interessant und werden Sie für Ihren Vierbeiner zum Nabel der Welt. Ihr Hund soll lernen, dass es alles Gute stets bei Ihnen gibt.

Die Zuteilung erfolgt aber nur in Abhängigkeit von seinem eigenen, guten Verhalten. Achten Sie darauf, dass Sozialkontakte in aller Regel von Ihnen begonnen und beendet werden. Gehen Sie auf Forderungen Ihres Hundes nicht ein und tun Sie so, als ob Sie ihn gar nicht bemerken.

Vermitteln Sie Ihrem Hund, dass er seinen Teil zu einem reibungslosen Miteinander beisteuern muss und lassen Sie ihn immer wieder eine kleine Aufgabe erledigen, bevor er sein Fressen, Leckerli, Spielzeug oder eine Streicheleinheit bekommt. Verschenken Sie nicht wichtige Dinge, mit denen Sie Ihre Führungsposition unterstreichen können – er muss nichts umsonst bekommen.

Je nach Charakter des Hundes sollten Sie ihm auch in anderen Bereichen klare Regeln aufzeigen oder in einigen Punkten auch nachgiebiger sein (dies ist vom Einzelfall abhängig).

Die wichtigsten Dinge im Umgang sind Geduld, Lob, Konsequenz sowie der täglich liebevolle Kontakt.

Erkennung von Überforderungen

Erkennung von Überforderungen ist sehr wichtig, da Ihr Hund dann sicherlich keine Freude am Training mehr hat. Klassisches Beispiel ist das Nichtreagieren auf ein Kommando, welches der Hund sonst zuverlässig kann. Dies ist ein Hinweis dafür, dass Ihr Vierbeiner im Moment Stress hat. Weitere Anzeichen sind das ungenaue Ausführen einer sonst gut beherrschten Übung, Unruhe, Übersprungshandlungen wie Buddeln oder Gähnen oder das Hecheln bei kühlem Wetter.

Vermeiden Sie den zu geringen Abstand zu Menschen bzw. anderen Hunden. Hunde brauchen mehr Raum als wir Menschen. Denken Sie bitte ebenso daran, dass Ihr Hund in geruchlichen Stress kommen kann, wenn z. B. überall Leckerchen verloren auf dem Boden liegen. Ebenso kann der Leistungsdruck Ausschlag für das Unwohlsein im Training sein – achten Sie auf Ihr individuelles Trainingsniveau.

7 Training und Ausbildung

Trainingsvoraussetzungen und Grundsätze

Ihr Trainingserfolg hängt vor allem davon ab, wie geschickt Sie die Übungen gestalten und wie gut Sie dies dem Hund vermitteln können.

Definieren Sie sich ein klares Übungsziel und schaffen Sie eine Trainingssituation, in der eine sehr hohe Wahrscheinlichkeit besteht, dass der Hund das erwünschte Verhalten zeigt beziehungsweise die Übung ausführt.

Die Wahl des richtigen Trainingsortes erleichtert die Ausbildung sehr. Sie sollten die Grundübungen, vor allem mit Hundewelpen, anfangs zu Hause in der Wohnung oder im Garten trainieren. Erst

Abb. 19 *Liebevolle Junghunde-Ausbildung*

Abb. 20 *Der Zaun hilft, dass der Hund gerade neben dem Hundeführer steht, sitzt oder liegt*

bei dortigem Gelingen verlagern Sie das Training in abwechslungsreichere Umgebungen.

Üben Sie bitte nur, wenn Sie gute Laune haben und bewahren Sie Ruhe, Geduld und bleiben Sie entspannt. Stimme, Körpersprache und Mimik können eingesetzt werden, um den Hund zu lenken und sein Tun zu kommentieren.

So wie wir die Körpersprache versuchen zu lesen – so tut es auch unser Hund. Einziger Unterschied ist, dass der Hund unsere Körpersprache schneller und besser versteht. Sie haben mehr davon, wenn Sie 3 Trainingseinheiten am Tag (max. 5 bis 10 Minuten) mit

Ihrem Hund trainieren. Sollten Sie doch einmal am Stück mit Ihrem Hund konzentriert üben wollen, sollten Sie nicht länger als 20 Minuten alleine mit ihm arbeiten. Am einfachsten ist es, das Training in die täglichen Spaziergänge mit zu integrieren. Auch zu Hause bieten sich viele Möglichkeiten, das Training, z. B. vom länger im Platz zu liegen, während der Hausarbeit einzubeziehen.

Sollten Sie eine Überforderung Ihres Hundes beim Üben feststellen, so lassen Sie ihn doch noch eine ganz einfache Übung ausführen oder gehen bei der aktuellen Übung in das Anfangsstadium zurück und beenden das Training und spielen mit Ihrem Hund. So gehen Sie beide positiv aus dem Training und dadurch auch positiv in die nächste Trainingseinheit am kommenden Tag.

Gute Frauchen oder Herrchen sind in der Lage, ihr Tier genau zu beobachten, dessen Absichten zu erkennen und dessen Reaktionen vorauszuahnen. Hierbei spielen Wissen, Erfahrung, Beobachtungsgabe und Reaktionsvermögen, aber auch die Tagesform von Hund und Mensch eine große Rolle. Der Hund muss die Übung nachvollziehen und dabei auf seinen Trainer reagieren. Seine momentane Motivation und Konzentration sind hierbei sehr wichtig.

Weiterhin haben die Bindung zwischen Trainer und Hund, das bisherige Training und die Lernerfahrungen (Aufzucht, Sozialisation und Haltung) einen Einfluss darauf, wie sich der Hund als Lernender verhält.

Beenden Sie alle Übungen mit einem Auflösungskommando wie z. B. „o. K.". Sind Sie mit Ihrer Trainingseinheit fertig, können Sie mit einem freudigen Abschlussspiel, beispielsweise mit einem kleinen Ballspiel, das Training beenden. So bleibt der Hund weiter motiviert und freut sich schon auf die nächste Übungseinheit.

Lernen findet immer statt, nicht nur dann, wenn der Hund bewusst trainiert wird. Das bedeutet, dass der Hund nicht nur das lernt, was ihm der Mensch absichtlich beibringt. Er lernt unter Umständen auch, wie er andere Rudelmitglieder manipulieren kann, um dadurch seine eigene Position zu verbessern. Viele Hunde wissen, wie sie ihre Besitzer dazu bringen, sie zu streicheln, zu füttern oder sie anderweitig zu verwöhnen. Dies erreichen sie, indem sie uns verliebt anschauen und uns so versuchen, um die Pfote zu wickeln. Es ist daher wichtig, dass wir auch außerhalb des eigentlichen Trainings darauf achten, welche Verknüpfungen der Hund herstellt. Dabei sollten Sie sich vor Augen halten, dass der Trainer nicht zwangsläufig ein ranghohes Rudelmitglied sein muss. Der Trainer möchte dem Hund mit Hilfe von Konditionierung etwas beibringen, während ein Rudelführer vor allem verlangt, dass ihm mit Respekt begegnet wird.

Durch Wiederholungen der Übungsschritte erreichen Sie:

- eine Erhöhung der Reaktionsbereitschaft (die Wahrscheinlichkeit, dass das richtige Verhalten gezeigt wird, steigt)
- eine Verkürzung der Reaktionszeit (das Tier führt das Kommando schneller aus)
- die Herabsetzung der Reizschwelle (das Verhalten wird durch kleine oder leise Kommandos ausgelöst)
- dass beim Wiederholen bestimmter Bewegungsabläufe Ihr Hund eine größere Geschicklichkeit entwickelt und mehr Selbstvertrauen gewinnt

Bei der Erziehung bieten Körpersprache, Sichtzeichen sowie einsilbige klare Wortkommandos den leichtesten Zugang zum Hund, da sie für unsere Sprachvielfalt wenig Verständnis haben.

Bestätigung und Verstärkung = Lob

- Lob mit der Stimme – „super/prima/gut"
- Lob über Berührung oder Streicheln
- Lob über Futter oder durch kleine Leckereien
- Lob über Spiel, z. B. mit Ball
- Lob über eine Mischung der obigen Möglichkeiten
- Lob über den Clicker

Im Training kommt es in erster Linie darauf an, dem Hund zu vermitteln, was er tun soll. Hierzu sind gezielt eingesetzte Belohnungen im richtigen Moment der effektivste Weg.

Ich empfehle, die Futterbelohnungen so klein als möglich zu halten. Kleine Käsewürfelchen oder Wurstwürfelchen in Größe des Fingernagels des kleinen Fingers bieten sich an.

Nehmen Sie bitte keine trockenen Leckerchen, da diese im Bewegungstraining oft im Hundehals stecken bleiben. Stellen Sie sich doch einfach vor, Sie müssen zuerst mehrere trockene Kekse essen und dann einen 100 Meter Sprint hinlegen. Da wird Ihnen schnell der Keks wieder hoch kommen bzw. im Halse stecken bleiben.

Wechseln Sie die Leckerli immer wieder ab, so bleibt es für den Hund am interessantesten.

Der viel versprechende Weg in der Hundeausbildung ist, wie schon genannt, die positive Bestätigung/Bestärkung. Damit erhöhen Sie die Wahrscheinlichkeit, dass der Hund das gewünschte Verhalten in Zukunft wieder zeigen wird.

Das Timing, die Qualität und die Häufigkeit der Verstärkung hierbei ist entscheidend. Sie müssen also gezielt vorgehen, um die erwünschte Verknüpfung optimal zu erzielen.

Wie belohne ich den Hund im Training?

- In der Anlernphase muss der Hund immer innerhalb von max. 1 Sekunde belohnt werden, um Sicherheit in der Übung zu gewinnen (continuous reinforcement).
- Wenn Sie sicher sind, dass der Hund nun weiß, um was es geht, wird er auf eine Verstärkung im festen Verhältnis umgestellt. Die Belohnung erfolgt dann z. B. nach jedem 2. richtigen Verhalten (fixed ratio).
- Wird das Verhalten nun zuverlässig gezeigt, wird zum willkürlichen Schema übergegangen. Es wird nun nach dem Zufallsprinzip belohnt (variable reinforcement).

Durch das sogenannte Rouletteprinzip steigert sich die Spannung für den Hund. Spielt, bzw. macht der Hund bei den Übungen mit,

Abb. 21 *Belohnung durch Spiel ist die beste Motivation*

hat er die Chance auf eine Belohnung. Es lassen sich dadurch geradezu lernsüchtige Hunde heranziehen. Bei einer ganz tollen Leistung darf Ihr Hund einen Jackpot erhalten, das heißt, er bekommt ein extra tolles Leckerli oder eine größere Menge auf einmal.

! Bitte beachten Sie, dass es in besonderen Situationen auch produktiv sein kann, den Vierbeiner nicht zu belohnen, da dieser eventuell über die Sonderzuwendung erst recht darauf aufmerksam gemacht wird, sich in einer besonderen Situation zu befinden. Der Hund darf auch eine Selbstverständlichkeit entwickeln, diverse alltägliche Situationen mit uns zu meistern.

Ein Spiel vor und nach dem Training sorgt für ein Warm up, ein Cool down für positive Trainingseinstimmung sowie für Vorfreude auf die nächste Trainingseinheit.

Strafe

Für das Abtrainieren unerwünschter Verhaltensweisen weiß man, dass dies nur funktioniert, wenn die Strafe jedes Mal unmittelbar auf das unerwünschte Verhalten folgt.

Will man über unangenehme Reize Lernerfolge erzielen, müssen dabei mehrere Dinge beachtet werden. Dies ist zum einen das Timing, da sonst die Gefahr von Fehlverknüpfungen besteht. Außerdem ist es möglich, dass der Hund einen unangenehmen Reiz als aggressive Aktion seines Trainers auffasst. Insofern kann es Vorteile bringen, wenn die Strafe gewissermaßen anonym erfolgt (Besprühen mit einer Wasserpistole durch einen Helfer), also nicht mit dem Besitzer in Verbindung gebracht wird. Daher ist es ebenso wichtig, dass der Hund nicht gleichzeitig beschimpft wird. Der Hund soll sein unerwünschtes Verhalten mit etwas Unangenehmem, z. B. Wassersprühstoß, in Verbindung bringen.

Die Strafe muss immer so gewählt werden, dass sie das unerwünschte Verhalten unterbindet, den Hund aber gleichzeitig weder körperlich noch seelisch schädigt. Durch den Einsatz von Strafe erhält der Hund lediglich eine Information darüber, was er nicht tun soll. Ihm wird keine Hilfestellung angeboten, die ihm sagt, was er stattdessen tun soll. Unter Umständen kann ein Hund dadurch unter Stress geraten und dies ist wiederum nachteilig für das Lernergebnis. Der Einsatz von Strafen darf daher nie unüberlegt, zum Beispiel aus Ihrer momentanen Emotion heraus, stattfinden. Ist das Sofa durch Ihren Hund in Ihrer Abwesenheit bereits zerlegt worden, nützt das Schimpfen nichts mehr. Sie müssen ihn auf frischer Tat stellen!

Strafe in Form von Ignorieren als Methode

Hunde sind Ökonomen. Sie legen auf Dauer nur Verhaltensweisen an den Tag, die sich lohnen. Wenn ein Verhalten zu keinem Vorteil führt, wird es vernachlässigt. Deshalb kann Ignorieren hervorragend als Methode für die Korrektur von unerwünschtem Verhalten angewendet werden.

Auch als Bestrafung zeigt das Ignorieren hervorragende Erfolge. Das Verhalten, für das man den Hund ignoriert hat, wird von ihm ab einem bestimmten Zeitpunkt seltener und dann überhaupt nicht mehr gezeigt. Diese Technik kann man sowohl im Training als auch im Alltag einsetzen. Unerwünschtes oder aufdringliches Verhalten kann man so auf stressfreie Art und Weise aussterben lassen – der Hund wird in diesem Moment nicht angesprochen, nicht angeschaut und nicht angefasst. Das Schwierigste dabei ist, konsequent zu bleiben. Hunde untereinander setzen das sich gegenseitige Ignorieren relativ häufig als Strafe ein.

Ist der Hund sehr gestresst oder gar aggressiv, bringt das Ignorieren nichts, da der Hund dann eh nicht auf uns Menschen achtet. Ebenso wenig funktioniert es, wenn unser Hund etwas tut (Jagen, Buddeln …), was ihm viel Freude bereitet – auch in dieser Situation achtet er nicht auf uns.

Festigung von Verhalten

Sie sollten Übungen, wenn diese zu Hause gelingen, mit immer größeren Ablenkungssituationen und an verschiedenen Orten vom Hund verlangen. Auf diese Weise wird die Übung zuverlässig abrufbar, denn der Hund lernt sie zu generalisieren. Steigern Sie die Ablenkungen bitte nur langsam, denn die Übung soll bei jeder Steigerung noch gelingen.

Gegenkonditionierung

Besonders bei Angstproblemen, z. B. Schreckhaftigkeit oder Furcht, kann man mit der Desensibilisierung erfolgreich arbeiten, solange der Hund noch keinen Stress hat. Das Ziel ist es, das Verhalten des

Hundes dadurch zu ändern, indem er jedes Mal eine „Superbelohnung“ erhält, wenn er das angstauslösende Objekt (Gelbe Säcke, Fahrräder ... andere Hunde) sieht. Somit wird das Verhalten „Schreckhaftigkeit“ auf einen bestimmten Gegenstand in ein positives Verhalten mit der Belohnung umgewandelt. Wichtig ist auch hier wieder das Timing der Belohnung – Sie müssen das Objekt, welches Ihrem Hund Probleme macht, zuerst sehen.

Desensibilisierung

Ist der Hund bereits gestresst, beginnt man bei der Desensibilisierung mit einem so schwachen Auslöser, dass der Hund noch entspannt ist. Langsam werden die Auslöser gesteigert, immer nur so weit, dass der Hund ruhig bleibt; für ein entspanntes Verhalten darf der Hund natürlich belohnt werden.

Am besten ist es, bei der Desensibilisierung nicht allzu viel mit seinem Vierbeiner zu reden, da dieser sonst eher das Gefühl erhält, in eine besondere Situation zu gelangen. Die Desensibilisierung wird bei Angst-, Aggressions- oder Erregungsproblemen durchgeführt. Wichtig ist, den Hund in keiner Phase des Trainings völlig zu überfordern.

Kommandos

Kommandos sind Signale, auf die ein Tier eine bestimmte Handlung ausführt. Dafür muss das Tier zum einen natürlich die Handlung erlernen, zum anderen muss es aber auch eine Verknüpfung zwischen der Handlung und dem Signal herstellen.

Die verschiedenen Arten von Kommandos

- Hör- bzw. Wortkommando = Worte (kurzprägnante Worte mit deutlicher Betonung erhöhen die Aufmerksamkeit)
- Sichtzeichen = Körpersprache/Zeichen/Bewegungen
- Tonsignale = z.B. ein Pfiff etc.
- Die Mischung der eben genannten

Bedenken Sie, dass Ihr Hund nicht für alle Signale das gleiche Talent mitbringt. Sichtzeichen werden vom Hund am schnellsten aufgenommen und erlernt, da er sich Artgenossen auch hauptsächlich über die Körpersprache mitteilt. Ebenso ausschlaggebend ist die Entfernung, auf die ein Hund ein Signal ausführen soll. Ein Kommando gegen den Wind schreien hilft oft nichts – ein klares Sichtzeichen hingegen wird vom Hund sofort wahrgenommen. Im Allgemeinen wird eine Anzahl von 2000 bis 5000 Wiederholungen angenommen, bis ein Hund ein Kommando wirklich kann. Hunde lernen Dinge, welche ihnen Spaß machen – wie wir Menschen – wesentlich schneller. Ebenso spielen Lernerfahrungen eine große Rolle.

Ein Hund, der weiß, dass sein Besitzer versucht, über Sicht- und Hörzeichen mit ihm zu kommunizieren, und der außerdem festgestellt hat, dass er sich beim Training etwas Angenehmes erarbeiten kann, wird ein neues Kommando schneller lernen als ein Hund, der noch keine solche Erfahrung gemacht hat. Sollte Ihr Hund plötzlich, weil er Ihnen gefallen möchte, die zuvor trainierte Handlung ohne Kommando zeigen, darf er keine Belohnung erhalten.

Je freundlicher Sie Ihrem Hund rufen, desto größer sind die Chancen, dass er freudig darauf reagiert. Stellen Sie sich doch einfach die Situation vor, in welcher ein Mensch Ihren Namen einmal freundlich und einmal barsch ruft – wem werden Sie sich wohl eher zuwenden?

Ebenso ist zu bedenken, dass es fatal ist, vor jedem Kommando den Namen des Hundes oder das Wort „und“ zu nennen. Wenn Sie also zum Beispiel Kommandos wie „Bruno und sitz“, „Bruno und platz“ oder „Bruno komm hier her“ verwenden, wird Ihr Hund nur noch „Bruno …“ verstehen und alles andere nicht mehr sicher ausführen können. Bedenken Sie immer, dass das Sprachgehirn unserer Hunde lange nicht so weit wie das unsere entwickelt ist. Noch schwieriger wird es dann für den Hund, wenn Sie bei „Bruno und mach mal sitz“ angelangt sind.

Einzige Ausnahme ist das Nennen des Hundenamens, wenn Sie mit mehreren Hunden gleichzeitig arbeiten. Hier gilt es, den jeweiligen Hund über den Namen erst einmal aufmerksam zu machen.

- Sprechen Sie Lautsignale freundlich und relativ leise, aber klar und deutlich aus.
- Achten Sie beim Einsatz von Sichtzeichen darauf, keine bedrohliche Körperhaltung einzunehmen. Beugen Sie sich zum Beispiel nicht über den Hund.
- Verzichten Sie darauf, eindringlicher mit dem Hund zu sprechen, wenn er den Befehl nicht umgehend ausführt – dies führt zu Druck und Stress und löst Unsicherheit aus.

- Geben Sie das Kommando stets nur einmal, sonst lernt der Hund tatsächlich, erst nach dreimaligem Rufen zu kommen. Kommt der Hund nicht nach dem ersten Rufen, warten Sie bitte zwei Atemzüge bevor Sie wieder neu starten.
- Alle Übungen sollen mit einem Auflösungskommando beendet werden, da der Hund sonst lernt Lob bedeutet Übungsende.
- Nennen Sie nach Möglichkeit nur das Kommando und nicht den Hundenamen.
- Der Hundename wird nur verwendet, um den Hund auf Sie aufmerksam zu machen (Name – Pause – Kommando).

Kommandos müssen immer von uns Menschen aktiv aufgelöst werden. Soll der Hund kommen, dann rufen wir „Komm“ und belohnen den Hund für das Herankommen. Nun soll er jedoch so lange bei uns bleiben, bis wir ihm ein neues Kommando wie beispielsweise „Sitz“ oder „Platz“ geben. Soll der Hund wieder Freizeit erhalten wird das Kommando mit z.B. „Los“, „Weiter“ oder „OK“ ... aufgelöst. Dies ist für den Hund das Signal, dass er nun machen kann, was er möchte.

! **Am meisten erreichen wir immer über positive Bestätigung des Hundes. Suchen Sie immer nach der Möglichkeit, das richtige Verhalten Ihres Hundes durch Worte, Futter, Streicheln oder Spiel zu belohnen.**

8 Hilfsmittel in der Hundeerziehung

Leine

Je länger die Leine, desto schlechter ist die Kontrolle über den Hund. Daher ist z. B. der Einsatz von sogenannten Auszieh- bzw. Flexi-Leinen nicht sinnvoll. Der Hund lernt keine normale Entfernungsdistanz an der Leine kennen. Die Leine ist ein Hilfsmittel, welches der Sicherheit dienen soll.

Egal wie sehr Sie Ihr Hund ärgert – schlagen oder werfen Sie bitte nie mit der Leine nach ihm. Ihr Hund soll die Leine immer als etwas Positives wahrnehmen (... mit der Leine geht es raus ...). Lassen Sie es einfach nicht zu, dass Ihr Hund denkt „kommt die Leine, ist die Freiheit zu Ende“. Gestalten Sie daher alles an der Leine positiv.

Halsband

Das Halsband sollte möglichst aus Leder oder Nylon, breit und weich sein. Somit verteilt sich der Druck besser, wenn der Hund doch mal an der Leine zieht. Die empfindlichen Körperteile wie Kehlkopf und die Luftröhre werden somit geschont. Zughalsbänder ohne Stopper, Ketten und Würger gehören an den Hals der Menschen, welche diese gut finden.

Geschirr

Als Alternative zum Halsband ist ein gut passendes Geschirr empfehlenswert. Der Hund sollte aus dem Geschirr nicht herausschlüpfen können. Auch für das Auto gibt es spezielle Geschirre; achten Sie darauf, dass dieses TÜV geprüft ist. Sogenannte „Erziehungsgeschirre“ fügen dem Hund Schmerzen zu und sind kategorisch abzulehnen.

Schleppleine

Viele Hundebesitzer sind irgendwann während der Ausbildung und Erziehung Ihres Hundes an den Punkt gekommen, wo das Wort Schleppleine fällt und der Einsatz einer solchen Leine dringend notwendig wird. Schleppleinen sind aus unterschiedlichen Materialien und in unterschiedlichen Längen erhältlich. Empfehlenswert sind Leinen aus Gurtband, da Sie sich bei diesem Material weniger Hautverbrennungen zuführen, wenn die Leine durch Ihre Handinnenfläche läuft. Sobald der Junghund anfängt, so von der Umwelt begeistert zu sein, dass er alles um sich herum vergisst, sollte die Schleppleine eingesetzt werden. Es muss nicht unbedingt das erste Weglaufen sein, das aus Übermut passiert, aber erfolgt dies regelmäßig, dann sollte man reagieren und es sollte die Schleppleine zum Einsatz kommen. Der Hund soll lernen, darauf zu achten, wohin wir gehen und dafür nutzen wir die Schleppleine.

Kopfhalfter

Ein Tier am Kopf zu führen ist keine neue Idee. Die Inkas hatten schon vor über 1000 Jahren Kopfhalfter für ihre Lamas. Das Kopfhalfter hat nicht das Geringste mit einem Maulkorb zu tun. Der Hund kann sich mit seiner Schnauze völlig frei bewegen und schlecken, Wasser trinken, mit anderen Hunden spielen oder auch beißen. Das Kopfhalfter ist lediglich ein Mittel zur Korrektur; auf keinen Fall ersetzt es das Führen am Halsband! Mit dem Kopfhalfter kann auch aggressives Verhalten gegenüber anderen Hunden abtrainiert werden. Ebenso erlernt der Hund mehr Sicherheit in seiner Führung und kann dadurch Ängste abbauen.

Maulkorb

Jeder verantwortungsvolle Hundehalter sollte, unabhängig davon, welche Hunderasse er hält, im Rahmen der Erziehung des Tieres auch ein Maulkorbtraining mit seinem Hund durchführen. Das Tragen muss dann nicht erst in einer Stresssituation dem Hund aufgezwängt werden, sondern es kann in aller Ruhe jedem Hund das Tragen eines Maulkorbes „schmackhaft“ gemacht werden.

Abb. 22

Seh' ich nicht scharf aus

Vermitteln Sie Ihrem Hund unter gar keinen Umständen das Gefühl, der Maulkorb sei eine Strafe! Im Gegenteil – gestalten Sie das Training besonders angenehm, dann wird Ihr Hund auch im Alltag bald einen Maulkorb so selbstverständlich tragen wie sein Halsband. Verwenden Sie beim „Anzieh-Training" viele Leckerchen oder reiben Sie den Maulkorb beispielsweise mit Leberwurst oder Streichkäse ein. Der größte Vorteil beim Maulkorb ist, dass der Hundeführer sicherer gegenüber dem Hund auftritt. Er weiß, dass nichts passieren kann und hat so ein viel sichereres Handling mit dem Hund.

Folgende Kriterien sind bei der Auswahl eines Maulkorbes von Bedeutung:

1. Der Hund muss mit dem Korb ungestört hecheln können.
2. Der Hund muss mit dem Korb ungestört trinken können.
3. Der Maulkorb darf nicht zu schwer sein.
4. Der Korb muss Schnauze und Nase genügend Raum lassen.
5. Der Korb muss gewährleisten, dass der Hund nicht beißen kann.

Hundepfeifen

Hundepfeifen sind sinnvoll, weil durch den Pfeifton für die Hunde nie die momentane Emotion des Halters zu erkennen ist. Somit kann das Trainieren auf eine Pfeife eine gute Sache z. B. für ein Rückrufkommando sein.

Clicker

Das Clicker-Training ist die stressfreie Methode, Ihren Vierbeiner zu Höchstleistungen zu bringen. Mit dem Clicker stehen sehr viele Möglichkeiten offen, auch Feinheiten ganz exakt auszuarbeiten. Auch beim Agility-Training oder bei Tricks und Mobilityübungen und vielem mehr können Sie den Clicker als Trainingshilfe einsetzen. Auf einfache Weise können Verhaltsweisen geformt und Handlungsabläufe trainiert werden. Nicht umsonst wird der Clicker auch im Zirkus und in Zoos eingesetzt.

Target-Stick

Einfach ausgedrückt ist der Target-Stick ein Zeigestab im Format einer ausziehbaren Autoantenne. Der Hund wird mit dem Clicker darauf konditioniert, dem Target-Stick zu folgen. Somit können wir z. B. unserem Hund viel einfacher Kunststücke beibringen.

Discs/Wurfkette/Wasserpistole/Schepperdose

Diese Hilfsmittel werden als negative Verstärker eingesetzt. Je nach Trainingstechnik dienen sie dazu, nach einer entsprechenden Verknüpfung gezielt Frustration zu erzeugen. Sehr gut lässt sich das unerwünschte Verhalten mit zu Hilfenahme einer Wasserpistole oder einer Schepperdose abtrainieren. Sobald Ihr Hund etwas anstellt, sprühen Sie ihm gleichzeitig einen Wasserstrahl ins Gesicht. Ebenso funktioniert es auch mit einer mit Steinchen gefüllten Blechdose – das Schüttelgeräusch lässt den Hund sein aktuelles Verhalten abbrechen. Der Hund soll das unerwünschte Verhalten mit einem negativen Reiz (Reaktion unsererseits) in Verbindung bringen.

Futter-Dummy

Der Dummy wird geworfen und vom Hund apportiert. Der besondere Lerneffekt ist, dass der Hund aus dem Dummy heraus belohnt wird, indem er direkt daraus ein Leckerli bekommt. So lernt der Hund auf spielerische Weise das Apportieren und das schnelle Herankommen auf Zuruf. Denn nur dann bekommt der Hund die ersehnte Belohnung.

Anti-Bell-Halsbänder/Sprayhalsbänder

Diese Korrekturhilfen gehören nicht in Laienhand. Wenn ein guter Trainer diese Hilfen bei bestimmten Verhaltensmustern und Problemen anwendet, spricht oft nichts dagegen.

Teletaktgeräte

Stromreizgeräte haben in der Hundeerziehung so viel verloren wie Stachelhalsband und Würger – nämlich gar nichts! Menschen, welche solche Mittel nutzen, sollten diese Halsbänder selbst tragen müssen!

Spielzeug

Nicht nur zur Beschäftigung und als Objekt bei Apport-Übungen ist das Spielzeug einzusetzen. Hervorragend ist es als Mittel zur Belohnung geeignet. Welche Art von Spielzeug man benutzt, hängt stark von den Vorlieben des Hundes und des Hundeführers ab. Es sollte bei der Auswahl darauf geachtet werden, dass das Spielzeug stabil ist, keine verschluckbaren Kleinteile und keine scharfen Kanten hat.

Abb. 23 *Verschiedene Trainingsutensilien*

Ich selbst gebe Welpen keine Quietschspielzeuge, da sie die Beißhemmung lernen bzw. beibehalten sollen. Dies bedeutet, dass der Welpe mit Beißen dann aufhört, wenn sein Gegenüber aufschreit bzw. quietscht. Das Spielen am Mann/Frau ist sinnvoller, um dem Hund das Gefühl zu vermitteln, dass es bei Frauchen/Herrchen viel spannender ist als woanders. Wenn Sie den Ball für den Hund wegwerfen, könnte dies für ihn heißen: nur weit vom Frauchen/Herrchen weg ist es für mich interessant. Trennen Sie bitte das Hunde- und Kinderspielzeug strikt voneinander. Nur so lernt der Welpe, dass es Dinge gibt, die nur dem Menschen gehören und es gibt später im Flegelalter des Hundes schon mal keinen Streit um die Spielsachen Ihrer Kinder.

Futterbelohnungen

Als Motivationsmittel und zur Belohnung kann man bei fast allen Hunden Futter nutzen. Wichtig ist, dass es besonders lecker, klein geschnitten und weich ist, damit der Hund es schnell fressen kann und es nicht im Hals stecken bleibt. Wechseln Sie die Futterbelohungen immer ab. Bitte benutzen Sie keine zu trockenen Leckerli. Diese bleiben allzu gerne im Hals des Hundes stecken – vor allem dann, wenn er sich gleich nach der Belohnung wieder schnell bewegen soll.

Die Handfütterung

Das Kernelement der Handfütterung ist der Wegfall der regelmäßigen Fütterung. In der freien Wildbahn würde Ihr vierbeiniger Freund auch nicht zu einer festen Fütterungszeit in den Hasen beißen können. Die Handfütterung schafft Abhängigkeit. Diese ist der notwendige Grundstein, um in vielen Fällen eine Annäherung zu realisieren.

Nachfolgend die wichtigsten Regeln:

- Keine regelmäßige, sondern nur noch sporadische Fütterung unter Berücksichtigung der erforderlichen Gesamt-Tagesration, die Fütterung wird über den ganzen Tag verteilt – diese Verteilung der Ernährung wäre sicherlich auch für uns Menschen gesünder.
- Tragen der Futter-Rationen am Körper des Hundeführers und somit grundsätzlicher Wegfall der Futterschüssel. Dabei muss für den Einzelfall festgelegt werden, ob das Futter in einer Gür-

teltasche, in einer Futtertube oder in vergleichbar tragbaren Behältnissen transportiert wird – der Hund wird sich schon deswegen mehr auf Sie konzentrieren.

- Fütterung nach dem Spielautomaten-Prinzip. Damit ist eine hohe Bandbreite an „Gewinnmöglichkeiten“ (Futter), vom Ausbleiben eines Gewinnes über kleine Gewinne bis hin zum Jackpot gemeint – es bleibt für den Hund immer spannend.
- Zunehmend Außer-Haus-Verlagerung der Fütterung und somit eine Verschiebung aus reizarmer Umwelt (Wohnbereich) in eine reizstarke Umwelt – somit wird der Hund selbst in bisher schwierigen Situationen eine positive Verknüpfung erfahren.
- Erstellen eines „Investitionsplanes“! Sättigende und selbstbefriedigende Nahrungsaufnahme ohne den Einsatz von Investitionen (durch den Vierbeiner) gehören der Vergangenheit an. Um Sättigung zu erzielen, muss der Hund Leistung aufbieten. Inhalt und Umfang der Leistung müssen individuell geregelt werden. Erst wenn der Hund für Sie etwas tut (Gehorsam in allen Formen), erhält er seine Futterbelohnung.
- Zeitkalkulation auf Zielstellung abstimmen. Wer nachhaltige Erfolge über die Handfütterung realisieren will, muss eine mittel- oder auch langfristige Trainingszeit in Anspruch nehmen. Erfahrungsgemäß ist der erkennbare Erfolg einer Beziehungsform durch die Handfütterung nach ungefähr 6 bis 12 Monaten voll gegeben.

So kompliziert sich auf den ersten Blick die Struktur der echten Handfütterung darstellt, so einfach ist die Umsetzung bereits nach wenigen Tagen. Bedenken Sie einfach, dass Ihr Hund auf sich alleine gestellt nicht pünktlich um 11 Uhr und/oder um 17.30 Uhr einen Hasen mit 350 Gramm Gewicht fangen und fressen kann!

Transportbox/Box

Beides ist zum Beispiel für das Training der Stubenreinheit oder auch bei einer speziellen Therapie gegen Ängste beim Alleinbleiben hervorragend geeignet. Wenn man den Hunden diese Boxen als Schlafplatz anbietet und ein spezielles Boxentraining mit ihnen absolviert, lieben die Tiere diesen sicheren Zufluchtsort meist sehr schnell. Dies kann man dann leicht beim Reisen ausnutzen, denn der Hund fühlt sich in seiner Box überall zuhause. Die Transportbox ist neben den festen Hundegitterboxen ein weiteres Sicherungsmittel im Auto.

9 Beschäftigungsmöglichkeiten mit dem Hund

Noch nie waren die aktiven Beschäftigungsmöglichkeiten für Hund und Mensch so vielseitig wie heute. Diese müssen jedoch mensch- und hundegerecht sein, um beiden Teampartnern dauerhaft Spaß zu machen. Dies ist der Grund, warum ich in diesem Kapitel nur die von mir vertretbaren Beschäftigungsarten nennen möchte.

Je besser Sie Ihren Hund kennen, desto zielgerichteter können Sie für die richtige Aktivität sorgen. Der Hund wird mehr denn je als Familienmitglied und Freizeitpartner ins Haus geholt und die Folgen sind oft Bewegungsmangel und der Mangel an geistiger Auslastung. Dies führt unter anderem oft zu Verhaltensproblemen bzw. Auffälligkeiten.

Die aus der Beschäftigung mit dem Hund resultierende körperliche Ausgeglichenheit und das psychische Gleichgewicht fördern das Wohlbefinden des Hundes und Hundeführers und stärkt die Bindung. Die wachsende Selbstsicherheit des Hundes zahlt sich auch im Alltag aus.

Die Beschäftigungsarten

Laufen/Joggen

Besonders vorteilhaft sind gleichmäßige Bewegungen im Trab sowie ein möglichst weicher Untergrund. Starten Sie im gemäßigten Tempo und steigern Sie es langsam. Im Idealfall wählt man ein Gelände aus, in dem der Hund abgeleint werden kann. Auf diese Weise kann er sein Tempo selbst bestimmen. Dies kommt dem natürlichen Bewegungsmuster des Hundes am nächsten und schont die Gelenke.

Schwimmen

Schwimmen ermöglicht Bewegungen nahezu ohne Gewichtsbelastung, es trainiert die Muskulatur und stabilisiert die Gelenke. Daher kommt ein Schwimmtraining besonders Hunden mit Gelenkerkrankungen zugute.

Abb. 24

So macht das Plantschen richtig Spaß

Schon Welpen können ins Wasser. Wichtig sind allerdings die Wasser- und die Außentemperatur. Ebenso sollte das Wasser keine starke Strömung haben. Suchen Sie sich also ein ruhiges Gewässer mit einem seichten Einstieg.

Schritt für Schritt an das Wasser gewöhnen:

- Nutzen Sie ein Lockmittel (Ball oder Leckerchen).
- Gehen Sie doch einfach mit Ihrem Hund mit.
- Nehmen Sie doch den Hundekumpel Ihres Vierbeiners inklusive dessen Herrchen oder Frauchen mit. Gemeinsam macht es mehr Spaß.
- Zwingen Sie Ihren Hund nicht in das Nass zu gehen. Die Vertrauenssituation darf nicht beeinträchtigt werden.

Richtig spielen

Im Spiel mit uns soll der Hund lernen, dass die Menschenhaut und all unsere Körperteile wie Arme und Beine tabu sind. Den Spielbeginn und das Spielende, dann wenn es am schönsten ist, bestimmen wir. Ebenso ist das Spielzeug immer unter unserer Kontrolle und liegt nicht in der Wohnung herum. Grund ist, dass der Hund das Spielzeug als Jagdbeute sieht; in der freien Wildbahn würde dieses ebenfalls nicht zugänglich herum liegen.

Ziel des Spielens soll eine gestärkte Bindung des Hundes zu seinem Menschen sein. Dies kann durch Kontaktspiel rund um den menschlichen Körper mit Hilfe eines Balles an einer Schnur geschehen. Dieser wird ausdrücklich nicht zum Apport oder zum Auspowern des Hundes weggeworfen, sondern der Hund wird eng am menschlichen Körper bespielt. Somit wird die Bindung zum Menschen gestärkt bzw. besser aufgebaut.

Ebenso soll das Spielzeug dafür verwendet werden, um nach ihm suchen zu lassen. Sie können Ihren Hund also auch prima geistig auslasten. Nicht nur Verstecke auf dem Boden, sondern auch Löcher in Bäumen oder herunterhängende Äste sind ein willkommenes Versteck.

Stöckchen werfen sollte tabu sein, da das Verletzungsrisiko für den Hund viel zu groß ist. Fragen Sie einfach mal Ihren Tierarzt, was alles schon dabei passiert ist – Sie werden nie wieder einen Stock in die Hand nehmen. So mancher Hund hat sich beim Fangen den Stock schon lebensgefährlich in den Rachen/Fang gerammt!

Erlebnisspaziergänge

Ziel ist es, dem Hund immer wieder einen abwechslungsreichen Spaziergang zu verschaffen. Auf jeder neuen Spazierstrecke lernt der Hund nicht nur neue Eindrücke kennen, sondern es bieten sich auch überall neue Übungsmöglichkeiten mit entsprechenden Ab-

Abb. 25 *In der Gruppe ist es am schönsten*

Abb. 26 *Freestyle*

lenkungen an. Ebenso können Parkbänke, Mauern, Fahrradständer und vieles mehr zum Üben mit einbezogen werden.

Sinn macht auch das Erkunden von herumstehenden Fahnenmasten, Lastwagen, Skulpturen, Flatter- und Absperrbändern, Gitterrosten, Treppen. Des Weiteren sind auch Begegnungsübungen mit anderen Tieren wie Kühen, Schafen, Pferden, Hühnern und Enten für unsere Vierbeiner sehr interessant und anspruchsvoll. Auch die Begegnung mit Joggern, Radfahren usw. will und soll geübt sein.

Agility

Das Springreiten stand Pate, als die Engländer 1978 Agility erfanden. Der populäre Hundesport erreichte bald das europäische Festland. Neben Fitness, Konzentration und Reaktionsschnelligkeit erfordert Agility ein hohes Maß an Wendigkeit und perfektem Teamwork zwischen Hund und Hundeführer.

Per Stimme und Körpersprache wird der Hund durch den Parcours dirigiert. In diesem sind innerhalb einer bestimmten Zeit bis zu 20 Aufgaben, wie beispielsweise diverse Sprünge, der feste oder lose Tunnel, Wippe, Slalom und der Laufsteg zu meistern.

Agility eignet sich für ausgewachsene Hunde von sportlichem Typ und einem gesunden Bewegungsapparat.

Abb. 27 *Im Wettkampf muss ich besonders aufpassen*

Abb. 29

Hurra, das macht Spaß

Geländemobility/Military

Bei dieser Disziplin werden Naturhindernisse wie Steinblöcke, Baumstämme, Betonröhren und vieles mehr verwendet.

Ihr Hund lernt, auf gegenseitigem Vertrauen basierend, verschiedene Untergründe kennen. Ziel ist es, den Hund ruhig und kontrolliert über die Hindernisse zu führen und ihm ebenfalls Gehorsamsübungen abzuverlangen.

Abb. 28 *Gegenseitiges Vertrauen ist angesagt*

Longierarbeit

Ursprünglich wurde das Longieren für die Arbeit mit Pferden entwickelt. Mittlerweile zeigen die Erfahrungen, dass die Longierarbeit ideal für den Bindungsaufbau zwischen Mensch und Hund ist. Das Hundelongieren gibt es schon seit ca. 1960. In Skandinavien wurden mittels des Longierens die Polizeidiensthunde trainiert, um Kondition aufzubauen. In Deutschland hat sich der Trend erst die letzten Jahre entwickelt.

Unsere Vierbeiner werden hierbei des Weiteren geistig sowie körperlich gefordert und gefördert. Neben Gehorsamsübungen kommt der Spaß natürlich nicht zu kurz, denn die Hunde überspringen auch Hürden, rasen durch einen Tunnel und durchspringen einen Reifen. Die Motivation erfolgt über ein Spielzeug oder einen Futterdummy.

Der Mensch geht zuerst im Kreisinneren und der Vierbeiner läuft, vorerst noch an lockerer Leine, auf der Außenseite des Kreises. Das Absperrband soll vom Hund nicht überschritten werden, doch normalerweise wird genau dies der Hund versuchen, denn je mehr man dem Hund untersagt zu seinem Menschen kommen zu dürfen, umso mehr wird dieser zu ihm wollen.

Im Verlauf der Trainingseinheiten entfernt sich der Mensch immer mehr von seinem Hund (Distanzaufbau), bis er im Mittelpunkt des Bereiches steht und der freilaufende Hund auf der Außenbahn läuft. In diesem Stadium hält der Hund meist aufmerksam Blickkontakt zu seinem Menschen und die Anforderungen können er-

Abb. 30 *So sieht die Arbeit nach der dritten Trainingsstunde aus*

höht werden. Ab diesem Zeitpunkt beginnt dann die eigentliche Longierarbeit. Longieren schafft eine Vertrauensbasis und ist artgerecht, denn es kommt den natürlichen Bedürfnissen des Hundes entgegen. Rassebedingte Vorlieben wie Hüten, Laufen, Jagen usw. können kontrolliert ausgelebt werden.

Longieren hilft, den Hund im Alltag besser zu führen. Vierbeiner, die durch die Leinenpflicht ein tristes und langweiliges Leben führen, werden dadurch geistig und körperlich ausgelastet.

Dog-Dance

Dies ist eine „Gehorsamskür zur Musik", es kommen viele Elemente der Unterordnung (Fuß, Platz ...) und alle natürlichen Bewegungsabläufe (Drehen, Rückwärts gehen, Kriechen und Springen) vor. Da die Elemente der Kür und das Tempo der Musik dem individuellen Tier genau angepasst werden können, eignet sich Dog-Dance für alle Hunde, gleich welcher Rasse.

Tricks & Fun

Hier spielen die vorher beschriebenen Elemente des Dog-Dance auch eine Rolle, jedoch wird nicht auf Musik eingeübt.

Abb. 31

Schau mal, was ich kann

Sie lernen hierbei mit dem Hund Tricks und Kunststücke, mit denen Sie zum einen eine schöne gemeinsame Beschäftigung haben und zum anderen der Star jeder Familienfeier werden (siehe sep. Trainingsanleitung).

Turnierhundesport

Beim Turnierhundesport wird zwischen dem Hindernislauf, dem Vierkampf, dem Geländelauf und dem Combinations Speed Cup sowie dem Qualifikations Speed Cup unterschieden. Das Angebot des Turnierhundesports finden Sie meist nur in Hundevereinen.

Futtersuchspiele

Die Futtersuche hat für alle Hunde, besonders für unsichere Hunde, eine stark beruhigende Wirkung. Ebenso ist es eine tolle Ausgleichsbeschäftigung für alle Vierbeiner mit Jagdleidenschaften.

Zu Beginn der Futtersuche soll Ihr Hund erst einmal sitzen. Sie starten nun, indem Sie ein wenig Futter ausstreuen, später verstecken, und dem Hund ein Suchsignal wie „Such“ geben, um ihn loszuschicken. Sie können diese Beschäftigungsart steigern, indem Sie das Futter oder auch das Spielzeug in einer für den Hund erreichbaren Höhe, wie zum Beispiel Bäumen, Mauern ... verstecken.

Verwenden Sie für diese Suchspiele keine krümelnden Leckerchen, da sonst der Suchort bei Ihrem Hund und anderen Hunden immer für zu starke Ablenkung sorgt. Nehmen Sie nach dem Suchspiel für die neue Trainingseinheit mit Ihrem Hund einen Ortswechsel vor.

Ebenso interessant ist es, dem Hund einen Schnüffelparcours mit diversen Stationen zu basteln. Verstecken Sie doch einfach Futter in einem Karton zwischen losem Zeitungspapier oder Papprollen. Ebenso können Sie Leckerchen in einer Decke einwickeln oder Futter in ein Tauchbecken legen, damit der Hund diese herausfischen kann.

Futter-Dummy-Training

Dummys sind gefüllte Stoff- oder Ledersäckchen in unterschiedlichen Ausführungen, die erlegtes Wild simulieren. Der Hund lernt auf Kommando, einen geworfenen Dummy zu apportieren. Außerdem gilt es, versteckte Dummys auf unbekanntem Gelände zu suchen und zu finden. Der Hundeführer gibt dem Hund an, ob er voranlaufen, stehen bleiben, die Richtung ändern, suchen oder zurückkommen soll. Die Dummyarbeit bietet sich gut zur Auslastung von Jagdhunden an.

Dog-Rallye

Hierbei können und sollten Sie Übungen und Elemente aus allen vorher beschriebenen Beschäftungsmöglichkeiten aneinander reihen. Ihr Hund wird sich über eine abwechslungsreiche, spannende Rallye freuen.

Sonstige Beschäftigungsmöglichkeiten

Schutzhundesport überlasse ich gerne den Polizeihundeführern, die Rettungshundeausbildung den Rettungsorganisationen, die Jagdausbildung den jagdlich führenden Hundehaltern, Flyball und DogFrisbee meide ich wegen der Gelenküberlastung, die Hütehundausbildung ist für die Halter von Schafen geeignet und der Schlittenhundesport für die Hunde in Ländern mit fast ganzjährigen guten Schneebedingungen. Den Windhundesport gilt es nur mit Windhundrassen auf einer geeigneten Rennbahn auszuüben.

Das richtige Konditionstraining

Es stellt sicher, dass Hund und Mensch fit bleiben. Konditionstraining bringt das Herz-Kreislauf-System in Schwung. Die Muskulatur wird aufgebaut bzw. erhalten.

Hierzu zählen:

- Fahrrad fahren oder Joggen mit dem Hund
- Toben und Spielen mit Artgenossen
- Schwimmen und Laufen im Wasser
- Umherspringen im hohen Gras
- Bergauf- und Bergabgehen

Warm up

Das Warm up kurbelt das Herz-Kreislauf-System an und erhöht dessen Belastbarkeit. Der Stoffwechsel wird angeregt und das Blut strömt vermehrt in die arbeitende Muskulatur. Das Dehnen und

Strecken bewirkt, dass sich die Muskeln langsam auseinanderziehen und geschmeidig werden.

1. Beginnen Sie mit einem langsamen, lockeren Spaziergang.
2. Im Anschluss können Sie den Hund mit ein paar Übungen zum Dehnen und Strecken seines Körpers bewegen:
   - Führen Sie den Hund mit einem Leckerchen um Sie herum, im Slalom um und durch Ihre Beine oder unter Ihren Beinen hindurch, während Sie auf dem Boden sitzen.
   - Lassen Sie sich „Pfötchen" geben und dehnen Sie den Vorderlauf dabei leicht nach vorne, oben und unten.
   - Ihr Hund stellt sich auf die Hinterbeine und stützt sich mit den Vorderpfoten an Ihnen ab.
   - Nutzen Sie Spielzeug oder Leckerchen, um den Hund rückwärts gehen zu lassen.
3. Abschließend kann der Hund zum Beispiel noch mit ein paar kurzen Sprints und niedrigen Sprüngen richtig „angeheizt" werden.

Nun sind Sie beide auf die Übungsstunde eingestellt.

Cool down

Der Cool down ist ebenso wichtig wie die Aufwärmphase. Dafür eignet sich ebenfalls ein ruhiger Spaziergang nach dem Training mit zusätzlichen Dehnungsübungen. Das Abwärmen beschleunigt den Regenerationsprozess und entspannt Geist und Körper.

Die gute Durchblutung hält länger an, wodurch Stoffwechselprodukte schneller aus dem Körper abtransportiert werden. Die Gefahr eines Muskelkaters verringert sich dadurch. Die erhöhte Muskelspannung wird langsam abgebaut. Dies vermeidet Verspannungen. Die Pulsschlag- und Atemfrequenz sowie die Körpertemperatur werden schrittweise in den Normalzustand zurückversetzt. Der Hund hört auf zu schwitzen (hecheln) und läuft keine Gefahr, sich nach dem Training zu erkälten.

10 Welpen, Junghunde und der Hund im Alter

Der Welpe

Wählen Sie am besten einen Welpen aus, der mit seinen Geschwistern und seiner Mutter gemeinsam aufgewachsen ist. Er sollte mindestens 8 Wochen alt sein, bevor er seine alte Familie verlässt. Welpen von einem Bauernhof haben z. B. in der Prägephase wenig Erfahrungen mit Verkehr, Menschengruppen ... und sind für ein Stadtleben oft nicht geeignet.

Ich bitte Sie dennoch, auch Welpen bzw. Hunden, welche unter keinem so guten Stern aufgewachsen sind, ein neues Zuhause zu geben und diesen Tieren ein besseres Leben zu bieten. Holen Sie sich jedoch bitte gleich Rat und Unterstützung in einer guten Hundeschule, um alles in die richtigen Bahnen zu lenken.

Wenn Ihr Welpe ins Haus kommt, sollte alles vorhanden sein, was der Kleine oder die Kleine zum Wohlfühlen benötigt. Jetzt gilt es, für den Welpen nicht nur die Trennung von der Mutter und den Geschwistern erträglich zu machen, sondern ihn auch an eine neue, für ihn unbekannte und manchmal bedrohlich wirkende Umgebung zu gewöhnen. Er soll möglichst schnell Vertrauen zu seinem Menschen fassen. Hier ist von Ihnen viel Liebe und Zuwendung gefragt.

Erstausstattung für den Hund/Welpen

- Futter- und Wassernapf
- Welpenfutter (Anfangs bitte die Futtersorte des Züchters)
- Hundebett, Decke, Körbchen oder Hunde-Box
- Pflegezubehör je nach Fell bzw. Rasse
- Geschirr und Halsband
- Leine und Schleppleine
- Hundespielzeug und Kauartikel
- Plastiktüten zur Kotaufsammlung

Optimale Ernährung

Die optimale Ernährung sollte alle Nährstoffe in ausreichender Menge und im richtigen Verhältnis enthalten. Dies kann die Futtermittelindustrie sehr gut zusammenstellen. Einzig bei der Mengenangabe rate ich immer, dem Hund weniger zu füttern, da die Futtermittelindustrie den Umsatz über eine zu hohe Futtermengenangabe ankurbelt. Das speziell auf die Bedürfnisse des heranwachsenden Hundes zusammengestellte Futter ernährt Ihren Welpen optimal. Lassen Sie sich im Zweifel von Ihrem Tierarzt oder im Fachgeschäft beraten.

Behalten Sie in den ersten Tagen bitte das Futter des Züchters bei. Falls Sie auf ein anderes Futter umstellen wollen, mischen Sie das neue Futter über die nächsten Tage dazu. Ein sofortiger Futterwechsel führt oft zu Durchfall. Wasser muss Ihr Hund immer frei zugänglich haben. Bis zur 12. Lebenswoche füttern Sie viermal täglich, ab der 12. Woche dann dreimal täglich immer zu ungefähr der gleichen Zeit. Ab dem 6. Lebensmonat stelle ich das Welpenfutter auf normales Futter um. Die Umstellung erfolgt wieder durch Beimischung des neuen Futters ins bisherige Futter. Die Fütterungen können nun auf zwei Mal am Tag reduziert werden.

Wenn Ihr Welpe gefressen hat, sollte er mindestens zwei Stunden eine Pause machen. Größere Spielaktionen unmittelbar nach dem Fressen können zu Magendrehungen führen (tödlich). Welpen benötigen viel Schlaf. Sie toben zwar flippig durch die Gegend, sind aber meist spätestens nach einer halben Stunde so müde, dass sie oft aus dem Spiel heraus hinfallen und ausruhen müssen. Richten Sie Ihrem kleinen Liebling einen ungestörten, lärmgeschützten Platz ein, damit er sein inneres Gleichgewicht wieder herstellen kann.

Beim Lernen von Kommandos dürfen Sie den Hund weder jetzt noch später überfordern. Welpen können sich max. 5 Minuten am Stück konzentrieren. Daher üben Sie lieber in mehreren kleinen Einheiten über den Tag verteilt. Wortsignale mit Handzeichen kombiniert ist die beste Trainingsmethode. Die Handzeichen wird der Hund später auch auf weite Entfernungen verstehen.

Um den Umgang mit Artgenossen sowie wichtige Verhaltensweisen zu lernen, sollten Sie mit Ihrem Welpen in einer qualifizierten Hundeschule zu den Welpenspielstunden und zur Früherziehung gehen. Sie lernen dort, wie Sie mit Ihrem Welpen richtig umgehen und wie Sie Ihre neue Beziehung festigen. Ebenso werden Ihnen die Grundkommandos in einem guten Training spielerisch vermittelt.

Ausbildungsinhalte für Welpenspielstunden

- Die Spielstunde beginnt und endet mit dem Spiel von Hund und Frauchen bzw. Herrchen
- Spielen der Welpen zur Entwicklung und Förderung des Sozialverhaltes der Hunde untereinander
- Intensivierung der Mensch-Hund-Beziehung durch Spielen von Mensch und Hund; ebenso wichtig sind vertrauensbildende Übungen, z. B. Tierarzt spielen
- Kleine Gruppen mit maximal 6 Teilnehmern
- Gewöhnung an die Umwelt, Auto anlassen, Schussfestigkeit, Regenschirm aufspannen, Folien flattern, Blech-Donnern ...
- Jogger, Radfahrer, Motorradfahrer, andere Tiere, Menschen mit Stock, Mantel, Hut, Menschen mit ungewöhnlichem Gang (Rollstuhl, Schwanken, ...)
- Verschiedene Untergründe (Gitterrost, Blech, Folie)
- Verschiedene Umgebungen (Bach, Fluss oder See, Tunnel, Steg, Gaststättenbesuch, Stadtgang)
- Gleichgültigkeit gegenüber Berührungen von Fremden
- Leinenführigkeit
- Sitz-, Platz- und Bleibübungen
- Unterlassung unerwünschten Verhaltens
- Kennenlernen vieler Menschen (Alt, Jung, Kinder, Behinderte ...)

Welpenschutz gibt es nicht. Welpenschutz existiert selbst im eigenen Rudel nur bedingt. Sogar Hundemütter haben ihre Welpen aufgrund des Geburtsschmerzes schon tot gebissen. Klären Sie daher vor dem Spiel mit fremden Hunden zuerst mit dem anderen Hundehalter ab, ob dessen Hund sozialverträglich ist.

Abb. 32 *Das gehört zur Welpenausbildung: Vertrauen aufbauen*

Abb. 33 *Belohnung für die Mutprobe*

Abb. 34 *Wer bist denn Du*

Die ersten Lernschritte des Welpen und des Junghundes

Den Namen beibringen

Nennen Sie den Namen des Hundes, wenn er Sie anschaut. Geben Sie dabei sofort ein Leckerchen – so stellen Sie sicher, dass der Hund in kürzester Zeit seinen Namen lernt. Nach einigen Wiederholungen sagen Sie den Hundenamen – reagiert der Kleine oder die Kleine, dann geben Sie ebenfalls wieder ein Leckerchen. Üben Sie dies besonders stark in den ersten Tagen.

Stubenreinheit

Das sich Lösen im Haus muss verhindert werden, indem der Welpe sorgfältig beobachtet und gestört wird, wenn er sich hinhockt, um „sein Geschäft zu machen".

- Füttern Sie den Welpen jeden Tag zur ungefähr gleichen Zeit. Danach steht der Kleine/die Kleine 20 bis 30 Minuten unter Beobachtung, denn innerhalb dieser Zeit müssen die Welpen sich meistens lösen.
- Erschrecken Sie den Hund, klatschen Sie laut in die Hände, wenn Sie ihn ertappen – dies unterbricht sein Verhalten – bringen Sie den Hund schnell nach draußen.
- Sie können den Welpen auch sofort auf den Arm nehmen. Der oder die Kleine wird sofort aufhören zu pinkeln. Setzen Sie nun den Hund draußen wieder ab und loben Sie ihn, wenn er sein Pipi gemacht hat.
- Gehen Sie so oft wie möglich hinaus. Achten Sie darauf, wann der Hund am Tage „muss" und planen Sie seine Spaziergänge entsprechend. Mit dem Welpen sollten Sie tagsüber alle zwei Stunden kurz nach draußen gehen, damit er sich lösen kann.
- Gehen Sie mit dem Hund hinaus, wenn Sie nach Hause kommen, unmittelbar nachdem er gefressen hat, aufgewacht ist oder wenn Sie beobachten, dass er schnuppert, herumkreist oder Unruhe zeigt.
- Bleiben Sie mit dem Hund solange draußen, bis er uriniert/Kot abgesetzt hat.
- Führen Sie ein Kommando ein z.B. „Pipi" ... – Loben Sie ihn, sobald er sich hinhockt und geben Sie, wenn er fertig ist, ein Leckerchen.
- Bestrafen Sie nicht, wenn Sie zu spät feststellen, dass er in die Wohnung „gemacht" hat. Wenn Sie ihn nicht auf frischer Tat er-

tappen, wird er nicht verstehen, wofür er bestraft wird. Machen Sie kommentarlos, ohne den Hund dabei zu haben, sauber.

Das Training an eine Box ist auch für die Stubenreinheit sinnvoll, da Hunde ihren Schlafplatz nicht beschmutzen wollen und sich daher in den meisten Fällen mit einem Winseln melden.

An Leine, Halsband und Geschirr gewöhnen

Gewöhnen Sie Ihren Welpen gleich zu Anfang an das Tragen des Halsbandes und des Geschirrs. Nutzen Sie den Zeitpunkt des Spielens oder des Fressens und ziehen Sie z. B. das Geschirr gerade dann dem Hund an, wenn es besonders interessant für ihn ist. Somit lernt er das Geschirr und Halsband positiv kennen. Die Hundeleine kann unter Aufsicht dran gemacht werden, sodass diese erst einmal hinter dem Welpen herschleift.

Rückruftraining, wenn der Hund beim Spaziergang nicht zuverlässig auf das Kommando „Komm" reagiert

Methode A

Sollte der Hund nicht sofort kommen, wenn Sie ihn rufen, machen Sie es sich zur Angewohnheit, sich umzudrehen und in die Gegenrichtung wegzugehen, bis der Hund dies bemerkt und Ihnen nachläuft. Ebenso können Sie sich auch verstecken. Dies führt dazu, dass der Welpe nach Ihnen suchen wird. Belohnen Sie den Hund wie immer, egal wie lange der Hund gebraucht hat.

Methode B

Nehmen Sie einen ausreichenden Vorrat der Lieblingsleckerbissen des Hundes (d. h. ca. 30 erbsengroße Käse-, Keks-, Wurststückchen etc.) als Belohnung auf Spaziergänge mit. Außer für eventuelle andere Ausbildungseinheiten oder Verhaltenskorrekturen geben Sie dem Hund sonst keine Leckerbissen.

Geben Sie dem Hund in den ersten Wochen der Ausbildung sofort einen Leckerbissen, wenn er auf Kommando kommt. Zeigen Sie sich außerdem erfreut und loben und streicheln Sie den Hund, bevor und nachdem er den Leckerbissen bekommen hat.

In den ersten Stadien des Trainings strecken Sie Ihre Hand sichtbar aus, wenn Sie den Hund rufen, so als ob Sie ihm den Leckerbissen zeigen. Aus der Entfernung wird er nicht sehen können, was

Sie in der Hand halten, aber er wird die Geste erkennen und schnell lernen, was sie bedeutet.

Besonders während der ersten Tage rufen Sie den Hund nur dann, wenn Sie aus Erfahrung wissen, dass er seine Beschäftigung wahrscheinlich unterbrechen wird und kommt, wenn Sie ihn rufen.

Zeigen Sie sich immer erfreut und belohnen Sie den Hund großzügig mit Lob, Streicheln und Leckerbissen, nachdem der Hund gekommen ist, auch wenn er sich Zeit gelassen hat und Sie ärgerlich sind, weil Sie so lange warten mussten.

Bestrafen Sie den Hund niemals dafür, dass er nicht schnell genug gekommen ist oder etwas falsch gemacht hat (d. h. gebellt hat), wenn er endlich kommt. Solche Strafe erfolgt viel zu spät, um nützlich zu sein. Denken Sie immer daran, dass es das Verhalten ist, dass der Hund gerade im Begriff ist auszuführen (d. h. zu kommen), gegen das sich die Strafe richtet. Tatsächlich wird die Strafe für das zu langsame Kommen den Hund im Wesentlichen dazu erziehen, das Kommen so lange wie möglich zu verzögern.

Leinen Sie den Hund nicht sofort an, nachdem er gekommen ist, auch wenn es Zeit ist, nach Hause zu gehen. Zuerst streicheln Sie ihn, loben ihn und geben ihm zwei oder drei Futterbelohnungen dafür, dass er auf Kommando sitzt und bleibt, und dann, nach einer kleinen Weile, leinen Sie ihn an, loben und streicheln Sie ihn und geben ihm eine weitere Futterbelohnung für seine gute Mitarbeit.

Nachdem der Hund bereits einige Wochen zuverlässig auf Kommando kommt, können Sie anfangen, die Futterbelohnungen allmählich zu reduzieren, indem Sie erst gelegentlich und dann immer häufiger den Leckerbissen weglassen. Man sollte jedoch nicht ganz damit aufhören, Futterbelohnungen zu geben, und der Hund sollte fürs Kommen immer gelobt und gestreichelt werden. An Stelle der Futterbelohnungen kann man beispielsweise auch das Werfen eines Balles als wirkungsvolle Belohnung einsetzen, wenn der Hund gerne Bällen hinterherjagt. Nehmen Sie den Ball immer auf Spaziergänge mit und machen Sie es sich zur Regel, den Ball nur als Belohnung auf das Kommen zu werfen – und als zusätzliche Belohnung fürs Zurückbringen. Wenn die Übung zuverlässig klappt, dann üben Sie dies bitte auch auf Spaziergängen und mit anderen Ablenkungen.

Leinen Sie nun Ihren Hund immer mal wieder an und lassen ihn dann wieder los. Dies hat den Vorteil, dass sich Ihr Welpe daran gewöhnt, dass die Leine nicht unwillkürlich „Gefängnis“ heißt.

Das Hochspringen abgewöhnen

Welpen versuchen, durch Hochspringen an Ihr Gesicht zu gelangen, um Ihre Mundwinkel abzulecken. Sie wollen dadurch Demut, wie unter Hunden oft üblich, zeigen. Bleiben Sie regungslos stehen, reden Sie nicht mit dem Hund und schauen Sie ihn nicht an. Wenn er sich setzt, loben Sie ihn bitte sofort.

Sollte der Welpe nichts desto trotz weiter an Ihnen und an Besuchern hochspringen, so gehen Sie bitte im wahrsten Sinn durch Ihren Welpen durch – gehen Sie auf ihn zu statt sich von ihm weg nach hinten zu bewegen. Achten Sie dabei bitte darauf, dem Welpen nicht auf die Pfoten zu treten oder ihm anders weh zu tun.

Die Beißhemmung festigen bzw. erlernen

Welpen, ganz besonders aber auch erwachsene Hunde, haben spitze Zähne und diese können uns und andere Lebewesen kräftig zwicken und weh tun. Ein Welpe weiß noch nicht, wie kraftvoll er zubeißen darf und muss dies daher bis zu seiner 18. Lebenswoche lernen.

Der Welpe soll lernen, sein Maul richtig dosiert einzusetzen. Jedes Mal, wenn Ihr Welpe einen anderen Welpen zu heftig zwickt, wird der andere aufschreien und Ihr Liebling wird das Beißen beenden. Der Hundewelpe lernt, oder hat bereits in seiner Hundefamilie gelernt – wenn ich zu fest zupacke – ist der Spielspaß vorbei.

Nutzen Sie genau dieses Verhalten aus, indem Sie ebenso kreischen bzw. aufschreien, wenn Ihr Welpe zu grob zufasst und beenden Sie in diesem Moment sofort das Spiel bzw. den Kontakt mit dem Hündchen. Ihr Welpe merkt somit sehr schnell, dass dieses Verhalten nicht erwünscht ist und stellt es mit der Zeit ein.

Sit = Sitz

Stellen Sie sich mit einer Belohnung vor Ihren Hund, sprechen Sie ihn mit Namen an, um seine Aufmerksamkeit zu erhalten. Halten Sie nun das Leckerli über den Kopf des Welpen. Der Hund wird nun versuchen, an das Leckerli heranzukommen und sich dann hinsetzen, damit er es besser fixieren kann. Sagen Sie genau in dem Moment, in dem er sitzt, „Sit“ und loben Sie ihn sofort. Das Handzeichen hierzu ist ein erhobener, zum Himmel gerichteter, Zeigefinger.

Nutzen Sie das Kommando „Sit“, somit hat Ihr Hund es leichter, Sitz und Platz voneinander zu unterscheiden. Das „tz“ ist sich bei den Worten Sitz und Platz zu ähnlich.

Abb. 35 *Mit Leckerchen übt es sich am besten*

Den Hund am Popo nach unten zu drücken ist schon lange out. Zwang einzusetzen ist menschliches Versagen!

Down = Platz

Bringen Sie zunächst den Hund in die Sitzposition. Dann klemmen Sie sich ein Leckerli zwischen Daumen und Zeigefinger der flachen Hand. Hocken Sie sich am einfachsten neben Ihren Welpen und streichen Sie dann die Hand mit dem Leckerli vom Welpenkopf wegführend langsam auf dem Boden entlang. Der Hund folgt der Hand, streckt sich, macht Platz und versucht, das Leckerli aufzunehmen – just in diesem Moment sagen Sie das Kommando „Platz".

Fortgeschrittene Sitz & Platz Übungsvarianten:

- nur auf Sichtzeichen, also ausschließlich über Körpersprache
- nur auf Wortzeichen, also nur verbal mit der Stimme
- auf Pfiff – kurzer Pfiff = Sitz; langer Pfiff = Platz
- auf einem Stuhl sitzend oder auf dem Bauch liegend
- mit einer Zeitung vor dem Gesicht oder mit Einkaufstüten in der Hand
- mit dem Rücken zum Hund oder auf einem Bein stehend
- mit hinter dem Kopf verschränkten Händen

- durch ein anderes Familienmitglied und/oder an verschiedenen Orten
- auf Baumstämmen bzw. auf verschiedenen Untergründen
- Sitz – Platz und der Hund bleibt an Ort und Stelle
- Kommandos auf Entfernung

Zwicken und Knappen abtrainieren

Wenn der Welpe Sie beim Spiel zu fest packt, „quietschen" Sie bitte in einem „hellen" Ton und beenden das Spiel. Ignorieren Sie den Kleinen bzw. die Kleine für einige Zeit und fordern Sie den Welpen dann zum Weiterspielen auf, wenn er wieder friedlich ist.

Spazieren gehen

Welpen brauchen kurze und häufige Spaziergänge. Achten Sie bitte darauf, es anfangs nicht zu übertreiben, denn es sind noch Babys. Übertrieben viel Aktivität auf einmal wird Ihren Welpen überlasten und zu sehr anstrengen. Wir wollen die Knochen und Gelenke schonen. Der Ausflug soll ja Spaß und keinen Stress bedeuten.

Gehen an der lockeren Leine

Der Hund wird an einer 1 bis 1,20 m langen Leine geführt, wobei am Anfang ein Leckerli oder Spielzeug in die Hand genommen wird, an welcher der Hund gerade läuft. Bitte nicht überkreuz belohnen. Wechseln Sie nun ständig die Richtung und Laufgeschwindigkeit und schauen Sie Ihren Hund dabei an. Verliert der Hund den Blickkontakt zu Ihnen, so bleiben Sie reglos und still mit festgehaltener Leine stehen. Nun wird der Hund die Leine spannen (Unterschied zum Leinenruck: der Hund bestimmt die Zugstärke!). Haben Sie Geduld und warten Sie reglos, bis sich die Leine entspannt, und rufen Sie dann den Hundenamen. Wenn der Hund sich nun nach Ihnen umschaut, locken Sie ihn in schneller Gangart in eine andere Richtung.

Entspannt sich die Leine auch nach längerer Zeit nicht, oder schaut sich Ihr Hund nicht nach Ihnen um, so gehen Sie langsam auf die halbe Entfernung zum Welpen hin und rufen dessen Namen. Schaut der Hund sich noch immer nicht um, wird die Entfernung weiter halbiert. Verknüpfen Sie diese Übungen bitte nicht mit dem Kommando „Fuß", sondern nutzen Sie dafür zum Beispiel „komm mit …". Das eigentliche „Fuß" laufen wird erst in der Junghundeausbildung trainiert. Während des richtigen Gehens an der lockeren Leine (Hund schaut Sie öfter an und die Leine hängt durch), erhält der Hund in unregelmäßigen Zeitabständen ein Leckerli.

Ihr Hund lernt an einer kurzen Leine viel schneller, dass es gewollt ist, dicht neben Ihnen zu laufen. Unsere Vorfahren in grauer Vorzeit haben dies sicherlich nicht anders gemacht.

Es entwickeln sich verschiedene Typen von Leinenziehern

Nonstop-Zieher
Hunde, welche ständig an der Leine ziehen.

Stop-an-go-Zieher
Hunde, deren Leinegehen aus Wiederholungen von Ziehen – Nachgeben – Ziehen – Nachgeben besteht.

Gelegenheitszieher
Vierbeiner, welche nur ziehen, wenn eine besonders interessante Ablenkung vorhanden ist.

Nennen Sie Ihrer Hundschule Ihr Problem – sicherlich wird Ihnen dort kompetent geholfen.

Auto fahren

Beginnen Sie bitte mit kleineren Strecken und belohnen Sie den Welpen nach dem Aussteigen mit einem Spiel. Er soll lernen, dass Auto fahren als Ergebnis etwas ganz Tolles mit sich bringt.

Lassen Sie den Welpen bitte nicht selbständig aus dem Fahrzeug springen. Der Kleine, die Kleine hat zu lernen, dass erst einmal im Auto gewartet wird. Leinen Sie den Hund beim Aussteigen immer zuerst an.

Führen Sie stets Wasser und einen Trinknapf im Auto mit. Hunde sind schnell überhitzt.

Kontrolliert und ruhig aus dem Auto und in das Auto steigen

Suchen Sie sich bitte ein Signal (Kommando) für das Hineinspringen in das Auto und eines für das Herausspringen aus dem Auto.

Lassen Sie Ihren Hund generell vor dem Einsteigen in die Sitzposition gehen. Dies ist hilfreich, wenn Sie zum Beispiel erst Ihren

Abb. 36 *Und wenn es noch so spannend ist – wir warten!*

Autoschlüssel aus der Tasche holen müssen. Ihr Hund darf dann auf Kommando in das Auto einsteigen. Hilfreich ist ein Leckerchen, welches Sie dem Hund in seine Box oder auf seine Decke werfen. Der Hund wird bestrebt sein, dieses zu erreichen und verknüpft das Hineinspringen somit mit Ihrem Kommando.

Beim Aussteigen verfahren Sie bitte ähnlich. Ihr Vierbeiner darf so lange im Auto sitzen bleiben, bis Sie ihn mit Ihrem Kommando zum Aussteigen auffordern. Hilfreich ist in diesem Falle das Leckerchen direkt auf den Boden zu werfen, sobald der Hund heraus steigt. Der Vorteil liegt darin, dass der Hund später automatisch nach dem Ausstieg die Nase auf den Boden führt, um ein Leckerchen zu suchen. Dies hält den Hund künftig davon ab, hinaus und dann wegzuspringen.

Das „Nein" beibringen

Legen Sie sich ein Superleckerchen auf die flache Hand. Ihr Hund wird nun versuchen, das Leckerchen zu bekommen. Schließen Sie genau in diesem Moment Ihre Hand und sprechen Sie gleichzeitig ein kurzes und ernstes „Nein" aus.

Nun geht die Hand wieder auf und das „Spiel" beginnt von vorne. Erfahrungsgemäß zeigt das Hündchen nach 5–10 Wiederholungen die ersten Reaktionen und schaut zum Beispiel Sie an, statt an die „Leckerchen-Hand" zu gehen.

Sobald der Hund gelernt hat, nach dem „Nein“ nicht mehr an die Leckerchen-Hand zu gehen, öffnen Sie nach einer kleinen Wartezeit Ihre Hand und sagen dabei Ihrem Vierbeiner, dass er das Leckerchen nun nehmen kann.

Wiederholen Sie die Übung bitte mindestens eine Woche lang. Ihr Hund wird dann das Leckerchen auch ohne Ihr Schließen der Hand nicht nehmen wollen. Nun ist der Grundstock für ein weiteres Training gemacht.

Fangen Sie bitte nun an, das Leckerchen zuerst auf Ihrem Knie dann nach einigen Tagen auch auf dem Fußboden zu deponieren. Möchte der Hund das Leckerchen nun wieder nehmen, legen Sie erneut Ihre Hand darüber und sagen „Nein“. Sobald Ihr Hund dann eine alternative Reaktion zeigt, darf er von Ihnen mit einem anderen Leckerchen belohnt werden.

Ist diese Hürde genommen, wird die Übung auf die Straße bzw. auf die Hundewiese verlegt. Denn auch dort soll Ihr Liebling lernen, nichts vom Boden zu fressen.

Der Blickkontakt

Der Blickkontakt vom Hund zum Hundeführer ist sehr wichtig und sorgt dafür, einen aufmerksamen Hund neben sich zu haben.

Die Belohnung des spontanen Blickkontaktes ist ein wichtiger Baustein bei Hunden mit Jagdveranlagung oder bei anderen „Hundeproblemen“. Auch chronische Leinenzieher und ihre Hundeführer profitieren davon, wenn der Hund auf diese Weise mehr Aufmerksamkeit auf Herrchen oder Frauchen richtet.

Belohnen Sie Ihren Hund jedes Mal, wenn er Sie während des Spazierengehens unaufgefordert anschaut und bringen Sie mit der Zeit das Anschauen unter ein Kommando, indem Sie dem Vierbeiner bei jedem Blickkontakt das Kommando „Schau“ oder „watch“ oder zum Beispiel ein „Schnalzen“ geben. Jeder Vierbeiner kann und sollte lernen, seinen Menschen auf ein konditioniertes Signal hin anzuschauen.

Der Junghund und seine Ausbildung

Gerade Hunde im Alter ab ca. 5 Monaten bis ca. 9 Monaten beginnen planlos umherzujagen, Unfug anzustellen und Grenzen auszuloten. Nicht nur die Hormone fangen an, verrückt zu spielen, auch die bisherige Rangordnung wird gerne in Frage gestellt.

Daher ist es sinnvoll, dem jungen Hund neben dem Grundgehorsam auch die Einhaltung eines begrenzten Bewegungsradius zu vermitteln. Ich persönlich halte einen Radius um den Hundeführer herum von 7 bis 10 Metern für absolut ausreichend. Testen Sie es doch einmal selbst aus, wie viel Raum dies ist. Dies lässt sich mit einer Schleppleine gut trainieren.

Bei der Junghunderziehung gelten im Wesentlichen dieselben Prinzipien und Regeln wie bei der Welpenerziehung. Beim freien Spielen untereinander ist allerdings erhöhte Aufmerksamkeit geboten. Ich hoffe, dass ich Ihnen bereits in der Welpen-Trainingsbeschreibung so viel Motivation gegeben habe, dass Sie sich spätestens jetzt mit Ihrem jungen Hund in eine gute Hundeschule bzw. in einen gut ausbildenden Hundeverein begeben.

Die weiteren Ausbildungsschritte wie „Fuß, Kehrtwendungen, Sitz und Platz aus der Bewegung“ und vieles andere zu beschreiben, füllt sicherlich nochmals zwei weitere Bücher. Hierbei ist das Üben unter fachkundiger Anleitung effektiver.

Der alternde Hund

Das kritische Alter für altersbedingte Beschwerden beginnt bei Riesenrassen ab dem 6. Lebensjahr, bei mittleren und großen Rassen ab dem 7. Lebensjahr und bei kleinen Rassen ab dem 9. Lebensjahr.

Abb. 37 *Bin ich nicht ein hüscher Senior*

Auch im Alter möchte Ihr Liebling noch gefordert und gefördert werden. Sie können mit Ihrem Senior bzw. Ihrer Seniorin alles bisher Erlernte weiter üben, sofern die körperliche Fitness es zulässt. Ebenso können Sie dem Hund zeitlebens neue Übungen beibringen. Hier wage ich wirklich den Vergleich mit einem menschlichen Rentner. Wie viele sehe ich an der Universität, im Tanzschuppen oder im Fitnessstudio aus- und eingehen.

Der Übergang vom erwachsen Hund zum Senior ist fließend. Zuerst kommt es durch die Abnahme der Anpassungs- und Leistungsfähigkeit der Körperfunktionen zu ersten Alterserscheinungen. Mit zunehmendem Alter werden diese immer ausgeprägter, bis man fast von „Alterskrankheiten" sprechen kann.

Die Alterungsprozesse machen sich durch zunehmend porösere Knochen, steifere Gelenke und eine Verlangsamung der Stoffwechsel- und Organfunktionen bemerkbar. Altern wirkt sich negativ auf die körpereigene Abwehrkraft Ihres Hundes aus. Dadurch erhöht sich die Anfälligkeit gegenüber Krankheiten und die Genesungsdauer wird länger.

Alterserscheinungen sind das stellenweise Ergrauen und Glanzloswerden des Fells. Die Haut verliert an Elastizität. Das Hör- und Sehvermögen lässt beim alternden Hund ebenso wie beim alternden Menschen nach. Die Kreislauffunktionen sowie die Stoffwechselleistungen sind verringert, erste Durchblutungsstörungen treten auf. Veränderungen in Temperament und Verhalten sind möglich. Alte Hunde ruhen bzw. schlafen mehr und neigen zu Übergewicht. Außerdem sind ältere Hunde nicht mehr so anpassungsfähig wie ein junger Hund.

Ein an Durchblutungsstörungen leidender Hund wirkt lustlos, träge, frisst schlecht und verliert an Lebensfreude. Weitere Symptome, die Sie bitte ernst nehmen, sind Bewegungsunlust, Gewichtsverlust, Verdauungsprobleme, Atembeschwerden, Veränderungen in der Wasser- und Futteraufnahme, Probleme beim Aufstehen, steifer Gang, Lahmheit und schnelles Ermüden beim Spazierengehen. Wenn Sie bei Ihrem alten Hund solche Alterserscheinungen feststellen, sollten Sie bitte Ihren Tierarzt aufsuchen.

Versuchen Sie, unnötige Anstrengungen und Stress für Ihren Senioren zu vermeiden. Veränderungen in den Gewohnheiten des Tieres (z.B. Tagesablauf, Futterumstellung) sollten nur langsam vorgenommen werden.

Mit der gesteigerten Lebenserwartung unserer Hunde verlängert sich auch die Phase des Altwerdens und des Altseins. Regelmäßiges Bürsten pflegt das Fell, massiert die Haut und fördert dadurch die Durchblutung. Fellpflege ist deshalb bei alten Hunden umso wichtiger. In der Regel empfinden ältere Hunde das Bürsten als sehr angenehm. Achten Sie beim Bürsten darauf, ob Sie in der Haut Ihres Hundes Knötchen oder Knoten fühlen.

Ein weich gepolsterter Hunderuheplatz kann die Entstehung von Liegeschwielen verhindern. Vorhandene Liegeschwielen können Sie mit einer unparfümierten Fettsalbe pflegen.

Ebenso wichtig wie die Fellpflege ist die regelmäßige Kontrolle und Pflege der Zähne. Nahezu alle älteren Hunde haben Zahnstein. Dieser kann zu schmerzhaften Zahnfleischentzündungen führen. Dann verliert Ihr Hund seinen Appetit und fühlt sich unwohl. Darüber hinaus können solche Entzündungsherde auch Ausgangspunkt für eine Ausbreitung von Bakterien im Körper sein, die in anderen Organen wie Nieren oder Herzklappen Schäden verursachen. Anzeichen für Zahnstein und Zahnfleischentzündungen sind ein unangenehmer Geruch aus dem Maul und feste, gelbe bis hellbraune Beläge auf den Zähnen, besonders am Zahnhals. Übermäßiger Zahnstein muss vom Tierarzt entfernt werden. Um die Bildung von Zahnstein zu reduzieren, gibt es verschiedene Spezialfutter oder Leckerlis. Außerdem können Sie die Zähne Ihres Hundes regelmäßig mit einer Hundezahncreme und einer entsprechenden Zahnbürste vorbeugend putzen.

Auch Augen, Ohren und sonstige Körperöffnungen Ihres Hundes sollten Sie regelmäßig aufmerksam ansehen und wenn nötig mit einem feuchten Tuch reinigen.

Ältere Hunde bewegen sich weniger als junge. Entsprechend nimmt ihre Muskelmasse mit zunehmendem Alter ab. Deshalb brauchen alte Hunde auch etwa ein Drittel weniger Energie als junge Hunde. Übergewicht ist daher ein häufiges Problem im Alter, das zu einer zusätzlichen Belastung von Knochen, Gelenken und dem Herz-Kreislauf-System führt. Um Übergewicht zu vermeiden, sollte die Futtermenge sowie der Fettgehalt im Futter reduziert werden. Es ist empfehlenswert, einem älteren Hund täglich 2 bis 3 kleinere Portionen Futter anzubieten.

Bewegung sowie ein sommerliches Bad sind auch im Alter wichtig für den Hund. Jeder Spaziergang an der frischen Luft wirkt wie eine Sauerstoffdusche. Sie sollten allerdings darauf achten, dass Ihr alter Hund beim Spaziergang etwas kürzer tritt und sich nicht mehr so verausgabt wie ein junger Hund. Regelmäßige und

Abb. 38 *Ja, ja, ich bring's ja schon*

gleichmäßige Bewegung tut nicht nur älteren Menschen, sondern auch der Fitness älterer oder alter Hunde gut. Regelmäßige Bewegung unterstützt Kreislauf und Verdauung.

Art und Umfang der Bewegung müssen an die individuelle Fitness und die Bedürfnisse des Hundes angepasst werden. Ideal sind mehrere kleine Spaziergänge pro Tag mit konstanter Belastung. Bei heißem und schwülem Wetter sollten diese jedoch in den kühleren Abend- und Morgenstunden stattfinden. Gleichmäßige Bewegung ist für Gelenke, Muskeln und Bänder ideal und schützt diese vor Überanstrengung.

11 Wo soll der Hund neben dem Menschen gehen – links oder rechts?

Die meisten Hundehalter lassen ihren Hund auf der linken Seite laufen, da sie dies nicht anders vermittelt bekommen haben.

Woher kommt das „links" laufen?

- Viele Menschen sind Rechtshänder und empfinden es als komfortabel, die rechte Hand frei zu haben.
- Das Hundeführen wird abgeleitet aus dem Militär- und Polizeihundeführen. Die rechte Hand muss dort frei sein, um die Waffe zu tragen bzw. zu schießen.
- Wir alle haben gelernt, auf der Landstraße dem Rechtsverkehr auf der linken Straßenseite entgegen zu gehen, um Autos evtl. schneller ausweichen zu können. Auch in dieser Situation ist der Hund verkehrssicher nur links (fahrbahnabgewandte Seite) zu führen.
- In fast allen Hundebüchern wird nur vom „Linksführen“ berichtet.
- Die Prüfungsordnungen für die Begleithundeprüfung und bei Obedience-Wettbewerben sieht nur das „Linksführen“ vor.

Warum soll beidseitig geführt werden?

Was alles dafür spricht, den Hund rechts, auf der rechten Wegseite, gehen zu lassen:

- Die Straßenverkehrsordnungen in den meisten Ländern der Erde schreiben den Rechtsverkehr vor.
- Dies bedeutet, dass alle Fahrzeuge sich auf der rechten Straßenseite bewegen. Aus Gewohnheit heraus verhalten sich auch Fußgänger so.

Abb. 39 *Rechtsgeführt – endlich stressfrei im Alltag*

- Wenn wir rechts gehen, stellen wir kein Hindernis für den uns entgegenkommenden Verkehr dar.
- Wir sind niemandem im Weg.
- Selbst von hinten kommende Fahrradfahrer können uns gefahrlos überholen.
- Meine Hunde und die Hunde meiner Kunden können links und rechts laufen, je nachdem was in diesem Moment sinnvoller ist. Um niemandem im Wege zu sein, fordere ich meist auf, den Hund rechts zu führen und auf der rechten Straßen- oder Wegseite zu gehen, um somit rücksichtsvoll gegenüber dem entgegenkommenden Verkehrsteilnehmer sowie sichernd für den

Hund zu handeln. Beginnen Sie systematisch bitte zuerst mit dem Training auf einer Seite und bringen Sie Ihrem Hund, sobald dies gut funktioniert, auch das verlässliche Gehen an der anderen Seite bei.

- Einzige Ausnahme ist das Begehen einer Landstraße. Dort gehe ich, sofern kein Gehweg vorhanden ist, auf der linken Seite, den Hund links geführt, dem Verkehr entgegen.

12 Der Hund zieht bei einer Katze ein – oder umgekehrt

Hunde und Katzen senden unterschiedliche körpersprachliche Signale aus. Ferner werden die ausgesendeten Signale jeweils missverständlich interpretiert. So zum Beispiel signalisiert das „Schwanzwedeln" des Hundes seine Aufmerksamkeit, wogegen bei der Katze das mit dem Schweif schlagen ein Zeichen für einen baldigen Angriff ist.

Mit der Zeit, also einer längeren Dauer des Zusammenlebens, werden sie sich jedoch aufeinander einstellen, so wie es auch in manch menschlicher Beziehung geschieht. Bei den einen dauert es mal länger, bei den anderen weniger lang.

TIPP

Wenn ein Hundewelpe zur erwachsenen Katze, zieht oder umgekehrt:
Der Welpe hat den ersten Kontakt mit der Katze während er in einer Box ist. Somit ist er vor etwaigen Angriffen geschützt und die Katze kann sich ranschnuppern.

Geben Sie den Tieren zusätzlich Gelegenheit, sich gegenseitig durch eine geschlossene Zimmertüre zu beschnüffeln.

TIPP

Wenn ein erwachsener Hund zur erwachsenen Katze zieht oder umgekehrt:
Legen Sie dem Hund eine ca. 1 Meter Leine an und machen Sie ein paar Futterspiele mit ihm. Wenn der Hund während des Fressens der nach vorn rollenden Leckerchen die Katze entdeckt, wird er sie zwar wahrnehmen, jedoch nicht allzu sehr an ihr interessiert sein (üben Sie dies bitte mit einem hungrigen Hund).

Ggf. kann die obige Übung auch mit einem Maulkorb, natürlich für den Hund – nicht für die Katze, gemacht werden.

Abb. 40 *Miau – wau wau – so entspannt kann es werden*

TIPP

Wenn eine junge Katze beim Hund einzieht:
Die junge Katze wird in einer Transportbox gesichert. Nun kann der Hund in Ruhe von außen Kontakt aufnehmen und die Katze beschnüffeln.

Spielen Sie nun mit dem Hund. Dadurch wird dieser verstehen, dass die Anwesenheit des Kätzchens nichts Besonderes ist. Wenn der Hund entspannt reagiert, wird er angeleint und der erste Versuch des Freilaufs des Katzenkindes kann gemacht werden.

Sollte der Hund nicht angemessen reagieren, dürfen Sie Ihre Rangstellung nutzen und ihn in seine Schranken weisen.

Beim Zusammenleben von Hund und Katze ist darauf zu achten, dass beide ständig Wasser zur freien Verfügung haben.

Sollte der Hund die Katze nicht an seinen Wassernapf lassen, so ist für die Katze ein Napf auf einem erhöhten Platz bereitzustellen.

Die Katzennahrung darf für den Hund nicht erreichbar sein, da er diese seinem Fressen immer vorziehen wird. Grund dafür sind Geruchs- oder Geschmacksverstärker und zum anderen besteht die Katzenkost aus fast 100% Fleisch.

Das Zusammenleben von Hunden mit Kaninchen, Hamstern, Meerschweinchen und anderen Kleintieren funktioniert am einfachsten, wenn der Hunde diese Haustiere bereits als Welpe kennenlernt. Andernfalls fallen diese Tiere instinktiv in das Beuteschema des Hundes.

Das Miteinander des Hundes mit anderen Haustieren sagt noch lange nichts über das Verhalten außerhalb des eigenen Hausstandes aus. So sehr meine eigenen Hunde „Roma und Ria" unsere zwei Katzen „Fritzi und Motte" lieben, so schnell wollen sie im Freien andere Katzen jagen gehen!

13 Wie gewöhne ich den Hund an ein Menschenkind?

Beginnen Sie bereits vor Ankunft des Babys damit, den Hund darauf zu trainieren, auf Befehl zu kommen, zu sitzen oder sich hinzulegen und für einen recht langen Zeitraum am Platz zu bleiben, sodass Sie später eine gute Kontrolle über den Hund haben, wenn Baby und Hund im gleichen Raum sind.

Tragen Sie während der Schwangerschaft eine Puppe oder ein Stofftier auf dem Arm durch die Wohnung und fahren Sie mit dem Kinderwagen auf und ab. Der Hund lernt dies somit bereits kennen.

Bringen Sie eine vom Baby getragene Windel mit aus dem Krankenhaus und lassen Sie Ihren Hund daran intensiv schnuppern. Somit kann er schon den Geruch des Kindes ohne Stress aufnehmen.

Seien Sie während der ersten ein bis zwei Tage nach der Ankunft des Kindes, wenn der Hund noch erregt und neugierig ist, besonders wachsam und vorsichtig.

Abb. 41 *Na Mama, wer ist denn nun dein Liebling*

Wenn Mutter und Baby aus dem Krankenhaus nach Hause kommen, halten Sie den Hund separat. Lassen Sie den Hund zuerst die Mutter alleine begrüßen und sich einige Stunden, bevor er mit dem Baby zusammengebracht wird, an dessen Geruch und Laute gewöhnen.

Halten Sie den Hund während des Kennenlernens an der Leine.

Sagen Sie „Sitz" und zeigen Sie ihm das Baby aus einer ausreichenden Distanz, so dass er das Kind nicht erreichen kann, wenn er danach schnappen sollte. Belohnen Sie ihn mit Leckerbissen, wenn er sitzen bleibt und sich ruhig verhält.

Wiederholen Sie dieses Prozedere des Bekanntmachens mehrere Male und belohnen Sie den Hund für die Befolgung von Kommandos und für das ruhige Bleiben am Platz, während das Baby anwesend ist.

Eventuell können Sie dem Hund erlauben, das Baby von nahem zu beschnüffeln, soweit er ausreichend vertraut mit ihm ist und keine Anzeichen von Unruhe oder Erregung zeigt. Es gibt keine starren Regeln, zu welchem Zeitpunkt dies stattfinden sollte. Hier muss der Besitzer seinem eigenen Urteil vertrauen.

Lassen Sie grundsätzlich niemals den Hund und das Baby alleine zusammen in einem Zimmer, auch nicht für einen Moment. Es kann hilfreich sein, zur Sicherheit eine Maschentür oder Sperre im Eingang zum Kinderzimmer anzubringen, für die Zeit, in der die Mutter aus dem Zimmer oder ins Bad gehen muss, und deswegen nicht die ganze Zeit einen direkten Blick auf Baby und Hund haben kann.

Eine durchaus vernünftige Möglichkeit ist auch, dem Hund in Gegenwart des Babys einen Maulkorb anzulegen. Auch hier sollte darauf geachtet werden, dass eine direkte Assoziation mit dem Prozess des Anlegens des Maulkorbes und dem Erscheinen des Babys vermieden wird. Deshalb sollte dem Hund auch zu Zeiten, in denen das Baby abwesend ist, der Maulkorb angelegt werden, um wirklich jede Assoziation zwischen Maulkorb und Baby zu verhindern.

14 Trainingsanleitungen

Clicker-Training

- Zunächst wird der Hund auf den Clicker konditioniert.
- Das Training erfolgt nach der Methode – Versuch – Irrtum.
- Der Hund wird für die gewünschte Handlung mit einem Click und späterem Leckerli belohnt.
- Der Clicker wird nicht dafür eingesetzt, den Hund auf sich aufmerksam zu machen.
- Erwünschte Verhaltensdetails werden mit einem Click bestätigt.
- Besondere Leistungen werden über den Jackpot (besonders tolles Leckerli) belohnt, dies spornt den Hund zusätzlich an.

Abb. 42 *Was ist denn das für ein gelbes Ding*

- Unerwünschtes Verhalten findet keine Beachtung.
- Clicker-Training formt und festigt Verhaltensweisen.
- Sobald ein bestimmtes Verhalten unter Kommando verlässlich gezeigt wird, ist der Clicker dafür nicht länger nötig.

Einführungsübung

Schaffen Sie einen ablenkungsfreien Moment, um den Hund auf den Clicker zu konditionieren. Clicken Sie und geben Sie dem Hund zeitgleich ein Leckerli. Es darf zu Beginn nicht mehr als eine halbe Sekunde Zeitverzögerung zwischen dem Click und dem Leckerli liegen. Wiederholen Sie diese Übung 3- bis 5-mal täglich mit 10 Wiederholungen. Nach dieser Übung belohnen Sie den Hund durch Spiel oder lassen ihn eine Übung machen, die Ihr Hund besonders mag. Mit dem Training können Sie bereits im Welpenalter beginnen.

Fortsetzungsübung

Verfahren Sie wie in der Einführungsübung, aber achten Sie darauf, das Leckerli nicht mehr in der Hand zu halten. Deponieren Sie das Leckerli in Ihrer Tasche, besser noch, legen Sie auch einige in Entfernung auf einen Tisch. Clicken Sie nun wieder, wenn Ihr Hund Sie anschaut oder auf Kommando „Sit" geht. Greifen Sie erst dann nach dem Leckerli und geben Sie es dem Hund innerhalb von bis zu 5 Sekunden nach dem Click. Variieren Sie hierbei die Zeitabstände. Diese Übung vermittelt dem Hund, dass er zwar immer nach dem Click ein Leckerli bekommt, dass es aber auch einmal ein paar Sekunden dauern kann sowie, dass es nicht immer vom selben Ort geholt wird.

Auf diese Weise versteht der Hund den Vorteil des Clickertrainings – er bekommt das Leckerli mit einer Zeitverzögerung und das Click kann auch über eine Entfernungsdistanz erfolgen. Wiederholen Sie diese Übung an verschiedenen Tagen bis Ihr Hund selbstständig auf das Click reagiert und nach dem Leckerli Ausschau hält.

Wenn dies dann der Fall ist, können Sie mit dem Clickereinsatz im Training beginnen, denn Ihr Hund hat verstanden, dass der Click Erfolg heißt und Belohnung bedeutet. Setzen Sie den Clicker immer unauffällig ein. Sie brauchen nicht damit auf den Hund zu zielen. Sie können das Click auch aus der Jackentasche auslösen.

Jedes Click ist das Versprechen auf ein unmittelbar folgendes Leckerchen!

Stärkung von Spontanverhalten

Mit dem Clicker ist es möglich, bestimmte Verhaltensweisen, die Ihr Hund spontan zeigt, zu stärken. Sie clicken einfach, wenn der Hund die Spontanhandlung zeigt und geben ihm seine Belohnung. Wenn der Hund das gewünschte Verhalten oft zeigt, um seinen Click zu erhalten, können Sie es mit einem Kommando verbinden.

Das freie Formen (Free Shaping)

Es werden jeweils kleinste Einzelsequenzen geclickert, die den Hund dem Endziel näher bringen. Wie beim Kinderspiel „Heiß – Kalt" bringt man den Hund für „heiße" Ansätze mit dem Click auf den richtigen Weg. Alles weitere üben Sie bitte mit einem erfahrenen Trainer.

Schleppleinen-Training

In Kombination mit einem Geschirr oder am Halsband schleift der Hund die Schleppleine hinter sich auf dem Boden her. Halten Sie die Schleppleine am Ende fest, lassen die komplette Leine auf den Boden fallen und achten Sie darauf, dass die Leine immer ohne Knoten ist. Die Gedanken und Augen haben Sie dabei bitte nur bei Ihrem Hund, damit Sie seine Vorhaben möglichst einen Schritt vorher erahnen können.

Gerade in der „Sturm- und Drangzeit" soll der Hund oft an der Schleppleine geführt werden, er wird so gehindert, einfach wegzulaufen, andere Leute anzuspringen, hinter Fahrrädern und Joggern herzulaufen oder ein „Komm!" zu ignorieren. Sie sollten nicht zu lange mit dem Einsatz der Schleppleine warten.

Es ist bei weitem einfacher und weniger aufwändig, den Junghund am ungestümen Verhalten zu hindern, als den erwachsenen Hund, der diese Unarten im Flegelalter erlernt hat, mittels Schleppleine wieder umzuerziehen.

Immer wieder höre ich den Satz: „Mein Hund ist nicht ansprechbar, er schnüffelt lieber, er haut sofort ab, wenn er von der Leine ist …". Diesen Zustand gilt es nun abzubauen und ein neues

Abb. 43 *Super – endlich an der langen Leine*

Verhältnis Hund/Mensch aufzubauen, nämlich die Bindung und Beziehung zwischen Hund und Mensch. Unser Hund soll lernen, darauf zu achten, wohin wir gehen und dafür nutzen wir die Schleppleine. Nicht der Hund soll für uns – sondern wir für ihn – unberechenbar sein. Der Hund soll künftig auf unsere Richtungswechsel und Bewegungen achten.

Rückruftraining mittels 10 Meter Schleppleine

Kommt Ihr Hund nicht zuverlässig auf das Kommando „Komm" zu Ihnen, so gilt es, dies mit einer 10 Meter langen Schleppleine (am Geschirr) zu trainieren. Der Hund wird hierbei angeleint und nachdem er sich entfernt hat, ein Mal mit „Komm" gerufen und gleichzeitig, nicht ruckartig, sondern gleichmäßig, mittels der Leine herangeholt/herangeangelt. Ist Ihr Vierbeiner dann bei Ihnen angelangt, wird er sofort ausgiebig belohnt.

Nach diversen Wiederholungen kann dann das Trainingsniveau durch Ablenkungen (andere Hunde, Radfahrer ...) gesteigert werden. Ihr Hund lernt so – „komme ich nicht, dann werde ich gekommt". Eine Belohnung gibt es anfangs immer. Es lohnt sich also für Ihren Vierbeiner, zu Ihnen zu kommen.

Das eigentliche Schleppleinen-Training

Starten Sie wieder mit der 10-Meter-Leine. Immer, wenn Sie sehen, dass Ihr Hund im nächsten Augenblick in die Leine rennt, drehen Sie sich wortlos vorher um und gehen in die entgegengesetzte Richtung. Das wird so einige Male wiederholt. Ist der Hund auf gleicher Höhe wie Sie oder dreht er sich nach Ihnen um, wird sofort gelobt.

Nach kurzer Zeit werden Sie feststellen, dass der Hund besser darauf achtet, ob Sie Richtungswechsel einschlagen, er lernt, sich mehr an Ihnen zu orientieren. Wenn Sie soweit sind, dass ein „Reinrennen“ in die Leine nicht mehr vorkommt, kürzen Sie die Leine am besten monatlich um einen Meter. So lernt der Hund, sich immer wieder auf neue Distanzen einzustellen.

Während den Übungen wird der Hund nicht gerufen oder gelockt, er muss von alleine merken, dass es besser ist, auf Sie zu achten.

Wenn Sie dann einen aufmerksamen Hund an der 10-Meter-Leine haben, können Sie anfangen, die Leine fallen und hinter dem Hund herschleifen zu lassen. Hierbei wird immer wieder ein kommentarloser Richtungswechsel gemacht, um zu testen, ob der Hund wirklich auf seinen Hundeführer achtet.

Nun wollen Sie bestimmt auch Kommandos auf Entfernung abgesichert trainieren. Es geht nun um das Ziel, bekannte Kommandos auch auf Entfernung auszuführen. Üben Sie die Kommandos zunächst an der kurzen Leine, bis es dort sicher auch unter Ablenkung klappt. Binden Sie den Hund hierzu an und trainieren Sie die Kommandos zuerst mit 1, 2, 3, … Metern Entfernung zum Hund. Dann wechseln Sie die kurze Leine gegen Ihre Schleppleine aus und arbeiten die Kommandos auf Entfernung, erst ohne, dann mit Ablenkung. Eine Steigerung erfolgt erst dann, wenn die einzelnen Kommandos sicher und zuverlässig ausgeführt werden. Dieses Training sollte sich über mehrere Wochen hinziehen. Steigt die Fehlerquote an, müssen Sie sofort eine oder besser noch zwei Lernstufen zurückgehen. Wichtig ist, dass Sie mehrere kleine Trainingseinheiten am Tag machen.

Kopfhalfter/Halti-Training

Lassen Sie nun den Hund mehrmals selbstständig in den Nasengurt schlüpfen, indem Sie ihm Leckerli anbieten. Wiederholen Sie dies über die nächsten fünf bis acht Tage.

Kopfhalfter sind für Hunde, ...

- die an der Leine ziehen und nicht in Ihrer Nähe laufen möchten.
- die Aggressionen gegen andere Hunde haben.
- die Ängste und Phobien haben.

Anlegen und Eingewöhnung des Kopfhalfters

Zuerst passen Sie das Kopfhalfter locker bei Ihrem Hund an. Dabei zeigen Sie ihm den Kopfhalfter als erstes und lassen ihn daran schnuppern und Leckerli daraus fressen.

Wichtig ist, dass Sie beim Hund keinerlei Stress aufbauen, denn das Tragen des Halfters soll später so selbstverständlich sein wie das Halsband. Einige Hunde werden versuchen, sich das Kopfhalfter abzustreifen, da es ein Fremdkörper ist. Nehmen Sie ein Meiden

Abb. 44

Das steht mir doch gut

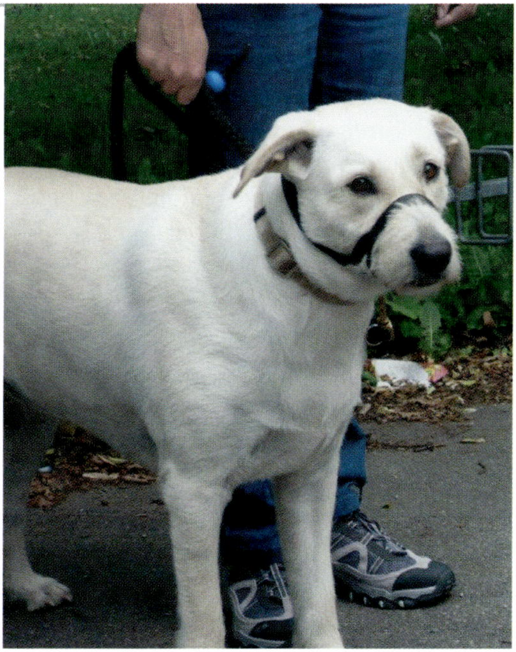

zur Kenntnis, schimpfen Sie aber nicht, sondern streifen Sie wortlos das Halfter wieder über und geben ein Leckerli. Auf keinen Fall darf der Hund das Kopfgeschirr mit negativen Erfahrungen oder Strafen verbinden. Sehr gut hilft es, dem Hund das Kopfhalter immer beim Fressen anzubringen. Somit verknüpft er das Tragen mit einer der positivsten Dinge, dem Fressen. Innerhalb einer Woche wird er es lieben.

Die beste Strategie ist es, den Hund nun einige Minuten ohne Leine laufen zu lassen. Lenken Sie Ihren Hund durch Spielen ab. Lassen Sie den Hund noch nicht unbeaufsichtigt mit dem Halfter. Sollte sich Ihr Hund durch „Pfotenabstreifen“ oder „Kopfreiben“ gegen das Tragen wehren, so ist er noch nicht genug darauf trainiert. Wiederholen Sie die Übungen immer wieder und verlängern Sie dabei die Zeitdauer des Tragens. Wichtig – legen Sie bitte noch keine Leine an!

Nun trägt unser vierbeiniger Partner das Kopfhalfter so souverän wie sein Halsband. Jetzt beginnen Sie mit dem eigentlichen Training. Nicht nur der Hund, auch Sie lernen, mit dem Halfter sicher, im richtigen Moment und zum richtigen Zeitpunkt umzugehen.

Das Kopfhalfter ist lediglich ein Mittel zur Korrektur. Es ersetzt nicht das Führen am Halsband! Verwenden Sie das Halfter immer zusammen mit dem Halsband und führen Sie den Hund über zwei verschiedene Leinen. In guten Fachgeschäften oder in meinem Shop gibt es auch spezielle Kopfhalterleinen, welche das Führen noch einfacher machen,

Das Führen machen Sie mit beiden Händen, was anfangs etwas ungewohnt ist. Beide Leinen sollten locker gehalten werden – auf keinen Fall darf ein permanenter Druck entstehen. Das Halfter ist das beste Mittel, um Fehlverhalten bei Hunden zu korrigieren.

Vermeiden Sie Fehler und trainieren Sie bitte mit einem sehr guten Hundetrainer.

Das lockere Laufen an der Leine

Sie geben das Kommando zum Losgehen; die Leinen bleiben locker. Überholen Sie Ihren Hund, wenn er langsamer wird und wenn er in Ihrer Körperhöhe ist, loben Sie ihn bitte sehr. Möchte Ihr Hund nun nach vorne stürmen, greifen Sie sensibel über die Halfterleine ein und loben den Hund, wenn er auf Ihrer Körperhöhe ist. Versucht der Hund gegen die Kopfhalfterleine zu ziehen, ändern wir die Richtung oder machen eine Wendung.

Sie werden sehen, wie einfach Ihr Hund über die Korrektur am Halfter reagiert. Möchten Sie nun nach rechts abbiegen, Ihr Hund schaut aber gerade nach etwas sehr Interessantem nach links, so führen Sie die Kopfhalfterleine rechts. Dies geschieht fließend, sanft und ohne Ruck! Wenn wir dabei mit Konzentration Biegungen und Wendungen gehen und auch auf ungewohnten Bodenbeschaffenheiten üben, so wird auch ein sonst leicht ablenkbarer oder unkonzentrierter Hund lernen, sich auf seinen Menschen und seine Arbeit zu konzentrieren.

Bei der vorher genannten speziellen Kopfhalterleine reicht ein leichtes Pendeln Ihrer Leinenhand aus und der Hund gelangt in die richtige Position.

Aggressives Verhalten gegenüber anderen Hunden abschaffen

Leider haben mache Hunde nicht die Vorzüge guten Welpentrainings und frühe Gewöhnung an andere Hunde und Menschen erfahren. Andere Hunde haben vielleicht ein Trauma durchlebt, wie zum Beispiel den Angriff eines anderen Hundes oder Schläge von Menschen. Dadurch werden sie misstrauisch oder reagieren sogar aggressiv auf andere Hunde und Menschen.

Die Wirkung des Schlupfringes am Halfter erzeugt den automatischen Maulschließeffekt. Wird der Hund also am Kopfhalfter geführt, kann auch ein Beißen gegen andere bedingt verhindert werden. Dies trifft aber nur zu, wenn Sie die Halfterleine entsprechend führen.

Einen kompletten Schutz gegen Beißen finden Sie nur in einem Maulkorb.

Wenn sich Ihr Hund vorwärts wirft und in Neugier oder Aggression auf einen anderen Hund zuschießt, dann lenken Sie ihn mit der Halfterleine korrigierend seitwärts. Gehen Sie im Kreis und dann wieder auf den anderen Hund zu. Es versteht sich von selbst, dass Sie den Halter des anderen Hundes vorher um Erlaubnis bitten. Loben Sie jeden positiven Kontakt Ihres Hundes durch Leckerli – benutzen Sie das Kopfhalfter nachdrücklich, um Ihren Hund von etwaigen, aggressiven, direkten Drohgebärden abzuhalten (verbinden Sie dies mit „nein, pfui oder aus“).

Mit dem Kopfhalter verändert sich das Kräfteverhältnis zwischen Hund und Mensch. Der Hund merkt schmerzfrei, dass Sie der Starke in der Beziehung sind und sein Ziehen und nach vorne Preschen keinen Erfolg mehr hat.

Konditionierung auf Discs

Die Disc-Schellen sind ein Hilfsmittel für die Hundeerziehung. Es handelt sich bei den Discs um 5 dünne Metallscheiben, die mit einem Schlüsselring zusammengehalten werden und an einem Band befestigt sind. Die Scheiben stehen im Grunde genommen für ein gut konditioniertes „NEIN“ und werden als Abbruch-Signal eingesetzt. Wie alles in der Welt der Hundeerziehung, müssen auch die Schellen gut konditioniert werden. Um den gewünschten Effekt zu erzielen, bittet man zunächst einen erfahrenen Trainer, die Scheiben zu benutzen, während man sich selbst auf den Hund konzentriert. Es ist hier sehr wichtig, dass man den Ablauf vorab bespricht und ohne Anwesenheit des Hundes mehrfach „trocken“ übt.

Das Training wird genutzt, um Abhilfe für dauerndes Bellen, -Anspringen von Personen, Aggression gegen andere Hunde oder Menschen, Jagen oder Kotfressen zu schaffen.

Abb. 45

Tut nicht weh, ist jedoch sehr effektiv

Die eigentliche Konditionierung

Der Trainer füttert den Hund mit einem beliebten Futterstück mehrmals freundlich. Ein Futterstück wird nun auf den Boden gelegt. Der Hundeführer führt den Hund kommentarlos über das Futter. Der Hund wird versuchen, das Futter zu bekommen. Sobald sich die Nase des Hundes bis auf wenige Zentimeter der „Beute“ genähert hat, wirft der Trainer dem Hund die scheppernden Scheiben direkt vor die Schnauze. Der Hund erschrickt und exakt in diesem Moment bin ich selbst gefragt als Hundeführer, meinen Hund total überschwänglich zu bedauern. Man kann ihn natürlich auch loben, aber das Bedauern ist ein menschlicher Zug und fällt einem in dem Moment meist leichter. Das Bedauern des Hundes bedeutet für ihn in diesem Moment die Bestätigung der Angst; die Bestätigung des Erschreckens vor dem „Geschepper“ der Discs.

Während man sonst niemals die Angst eines Hundes bestätigen sollte, auch gerade nicht durch Bedauern, machen wir uns hier den negativen Effekt zunutze, nämlich dadurch, dass er sich uns zuwendet, wenn er künftig dieses Geräusch hört. Den Vorgang mit dem Futter sollte man so lange wiederholen, bis der Hund das Futter auf der Erde von sich aus meidet. Der nette Nebeneffekt dieser Übung ist, dass ein Hund so auch lernt, nichts von der Erde zu fressen. Die meisten Hunde meiden das Futter, auch an einer anderen Stelle ausgelegt, nach 2–3 Wiederholungen des Wurfes. Sie gehen im großen Bogen um das „böse“ Würstchen herum.

Danach ist der Hund zunächst verunsichert und beeindruckt. Es reicht in der Folge meist aus, dass nur das scheppernde Geräusch erklingt, und schon wird vom Hund zum Hundeführer gesehen, der dann die Aufmerksamkeit des Hundes für ein neues Kommando oder ein Lob nutzen kann.

Das Geschepper der Schellen muss gut konditioniert sein, um zu wirken. Sage ich ständig nein, ohne dass Konsequenz dahinter steht, so reagiert mein Hund darauf nicht. Die Schellen brauche ich nur, wenn ich einen Hund habe, der sonst nicht auf meine Abbruchssignale reagiert. Es ist ratsam die Discs zunächst nur für eine Abbruchsituation zu nutzen. Ist dieser Ausbildungsschritt erfolgreich beendet, kann das nächste Problem in Angriff genommen werden.

Sensible oder ängstliche Hunde können sehr beeindruckt reagieren, dort sollte man einen Einsatz sehr gut überdenken und lieber ein verbales Abbruch-Kommando neu konditionieren!!!

Generell ersetzen die Disc-Scheiben auf keinen Fall eine gute Kommunikation, Bindung und konsequente Erziehung. Sie dürfen als Hilfsmittel nur sehr sparsam eingesetzt werden.

Der Trainer ist wichtig, damit der Hund das Werfen der Scheiben nicht mit dem Hundeführer in Verbindung bringt. Bedauere ich den Hund bei der Konditionierung zu spät, dann ist die Wirkung verpufft. Es muss beim Konditionieren in der Schrecksekunde gelobt werden, um die Wirkung zu verstärken!

Disc-Scheiben sind kein Allheilmittel, sie können aber ein Weg sein, Unerwünschtes zu blocken.

Besitzer mehrerer Hunde müssen die Schellen je Hund einzeln und getrennt voneinander einsetzen!

Discs sollten nicht auf dem Hundetrainingsplatz oder während des Trainings im Zusammensein von anderen Hunden eingesetzt werden, da sonst der konditionierte Fremdhund ebenfalls zum Abbruch evtl. eines richtigen Verhaltens gebracht wird. Discs haben in Kinderhänden und Händen von nicht erfahrenen Hundeführern nichts verloren!!

Konditionierung auf die Hundepfeife

Pfeifen werden seit vielen Jahrzehnten als erfolgreiches Mittel zur Ausbildung und zur Kontrolle von Hunden eingesetzt. Die wichtigsten Vorteile des Pfeifentrainings sind, dass hochfrequente Töne mehr Aufmerksamkeit als die menschliche Stimme erregen und die Befehle über eine viel größere Entfernung gegeben werden können. Kommandos bleiben somit emotionsfrei. Die Pfeife klingt niemals ärgerlich oder wütend. Der erste Schritt besteht darin, sich die Pfiffe für die einzelnen Kommandos zu überlegen. Z.B. kurz aufeinander folgende Pfiffe bedeuten das Rückrufkommando. Ein langer kontinuierlicher Pfiff bedeutet Sitz oder Platz.

Rückruftraining mittels Pfeife

Das Rückruftraining sollte so früh wie möglich begonnen und muss während der gesamten Lebenszeit eines Hundes immer wiederholt werden – ganz egal ob mit oder ohne Pfeife. Für die meisten Hunde ist der Spaziergang der aufregendste Teil des Tages und sie werden alles tun, was sie können, um diese Zeit zu verlängern. Wenn die Rückkehr zum Frauchen und Herrchen bedeutet, dass nun die Leine angelegt wird und der Spaß vorbei ist, kann eines Tages der ergebenste Hund entscheiden, dass es lohnender ist, seinen Besitzer zu ignorieren, als zurückzukommen. Für den normalen, gut gefütterten Hund sind einige Leckerchen keine ausreichende Motivation zurückzukommen; es muss schon etwas Besonderes sein. Eine gute Methode, um die Aufmerksamkeit des Hundes zu behalten und dafür zu sorgen, dass er auf Sie hört, besteht darin, mit ihm zu spielen, während Sie mit ihm spazieren gehen.

Ein guter Anfang für das Rückruftraining oder dessen Korrektur ist der Einsatz einer Schleppleine. Begonnen wird in einer nicht zu ablenkungsreichen Umgebung.

Rufen Sie den Hund mit begeisterter Stimme, wenn er sich von Ihnen wegbewegt (anfangs nur eine kurze Strecke). Geben Sie gleich im Anschluss darauf das Pfeifsignal und belohnen Sie den Hund, wenn er zu Ihnen kommt. Sollte der Hund zögern, wird er sanft über die Schleppleine eingeholt. Sobald der Hund Sie erreicht, erhält er ebenfalls seine Belohnung (besonderer Leckerbissen oder das Spiel mit dem Lieblingsspielzeug).

Wenn der Hund den Befehl zu verstehen beginnt, lassen Sie den verbalen Befehl weg und benutzen nur die Pfeife für das Zurückkommen. Vergrößern Sie nun allmählich die Entfernung für das Heranrufen. Üben Sie in neuen Umgebungen und erhöhen Sie langsam den Grad der vorhandenen Ablenkungen. Sobald der Hund gut auf den Pfeifbefehl reagiert, lassen Sie die Schleppleine los, so dass der Hund sie hinter sich herzieht. Wenn der Hund auf den Rückpfiff unverzüglich reagiert, wird er sofort belohnt. Sobald der Hund an der hinterherziehenden Schleppleine gut reagiert, üben Sie ohne Leine.

Kunststücke – Tricks & Fun

Eine Reihe der Tricks können mit Clicker und Target-Stick eingeübt werden. Natürlich ist das Training auch ohne diese Hilfsmittel möglich. Die Beschreibungen zu den Übungen sind als Trainingsvorschlag zu verstehen. Für alle Übungen kann ein Kommando sowie ein Hand- oder ein Beinzeichen eingeführt werden.

Konditionierung auf den Target-Stick

Sie legen sich Leckerli bereit und nehmen den Clicker und den Target-Stab in die Hand. Sagen Sie nichts! Ihr Hund wird vermutlich in Richtung des Stabes blicken oder sich sogar auf diesen zubewegen. Der Blick zum Stab genügt zunächst. Vermutlich wird Ihr Hund dann noch nicht begriffen haben, warum es jetzt einen Click und Bestätigung gab. Bewahren Sie die Ruhe und reden Sie nicht. Sie brauchen Ihrem Hund nicht zu erklären, dass er das fein

Abb. 46

So wird's gemacht

gemacht hat, das haben Sie ihm bereits durch Clicken und die Belohnung mitgeteilt.

Sofern Ihr Hund noch nicht zu den erfahrenen „Clickerhunden" gehört, bietet er evtl. nicht von sich aus Aktivitäten an. Viele Hunde setzen sich in dieser Situation vor dem Hundeführer hin. In so einem Fall können Sie sich und den Stab etwas anders positionieren oder vorne ein Leckerchen befestigen.

Ermuntern Sie den Hund aber nicht, das Gewünschte zu zeigen, er soll ja lernen, was er tun muss, um zu der Bestätigung zu gelangen. Irgendwann „fällt der Groschen" beim Hund und Sie können nach weiteren Trainingseinheiten dazu übergehen, den Stab zu bewegen.

Der Hund lernt, egal, wo der Stab ist, wenn ich hinlaufe und ihn mit der Nase berühren, habe ich Chance auf eine schöne Belohnung. Lassen Sie uns nun für die Berührung mit der Nase ein Kommando einführen (z. B. Kommando Touch od. Tipp ...).

Kriechen – „Kriech"

Der Hund liegt. Sie halten die Spitze des Target vor seine Nase und ziehen Sie ein winziges Stück nach vorne, sodass sich der Hund nach vorne bewegen muss. Click und Leckerchen gibt es für jede

Bewegung in Richtung der Spitze des Targets. Vergrößern Sie die Distanz zwischen Target und Nase zu schnell, steht Ihr Hund auf – und das wäre schade! Große Hunde tun sich bei dieser Übung etwas schwerer.

Rückwärts Gehen – „Back"

Sie und Ihr Hund stehen einander gegenüber. Sie machen langsam einen kleinen Schritt auf Ihren Hund zu. Er wird sich wahrscheinlich auch ein wenig nach hinten bewegen, um Ihnen Platz zu machen. Clicken und belohnen Sie bitte schon für die kleinste Rückwärts-Bewegung!

Das Ganze wiederholen Sie mehrmals. Aus einer kleinen Bewegung nach hinten formen Sie allmählich einen Schritt, dann mehrere, bis dass der Hund rückwärts vor Ihnen hergeht, während Sie nach vorne gehen. Erst wenn das klappt, führen Sie für diese Übung ein Signal ein. Als Sichtzeichen bieten sich die nach vorne zum Hund ausgestreckten Arme an.

Twist-Circle – „Dreh dich"

Dies ist die schnelle Drehung des Hundes um seine eigene Achse. Der Hund steht vor oder neben Ihnen. Der Target, die Hand oder das Spielzeug werden so gehalten, dass der Hund mit dem Kopf dem Stab oder der Hand folgt. Erst wird das Drehen des Kopfes bestärkt, dann 1/4 des Kreises, dann 1/2 Drehung, später die ganze Drehung.

Stand Ihr Hund beim „Twist" bislang vor Ihnen, so muss er den Trick erst noch rechts, links oder hinter Ihnen neu lernen. Wichtig: „Twist" bedeutet immer die Drehung in eine Richtung. Hat der Hund beispielsweise gelernt, sich auf „Twist" nach links zu drehen, so muss die Drehung nach rechts neu eingeübt werden und mit einem anderen Signal, zum Beispiel „Circle", belegt werden.

„Männchen" – „Allee"

Der Hund sitzt. Halten Sie den Target oder ein Leckerli gerade so hoch über den Kopf des Hundes, dass er die Vorderpfoten leicht vom Boden lösen muss, um die Spitze des Sticks zu erreichen.

Clicken Sie zunächst für kurze Berührungen des Targets, später für länger andauerndes und stabileres Männchenmachen. Wenn

Abb. 47

Allee

das Sicht- oder Hörzeichen eingeführt ist, können Sie die nächste Hürde in Angriff nehmen: den Abstand zwischen Hund und Ihnen schrittweise vergrößern.

Auf den Hinterbeinen stehen – „Up"

Halten Sie den Target oder die Hand über den stehenden oder sitzenden Hund, sodass er sich auf die Hinterbeine stellen muss. Steht der Hund, reicht es schon, den Stab anfangs etwas über den Kopf zu halten, sodass er nur kurz die Vorderpfoten heben muss. Halten Sie nun den Stab allmählich höher, bis der Hund auf zwei Beinen steht. Den Stab ruhig halten, denn der Hund soll nicht danach springen.

Auf den Hinterbeinen laufen – „Up and go"

Steht der Hund sicher auf den Hinterbeinen, kann es weitergehen. Dazu bewegen Sie den Target einfach langsam in die Richtung, in die sich der Hund bewegen soll. Sie können daraus wieder verschiedene Übungen machen: Vorwärtsgehen, Rückwärtsgehen, eine Drehung und so weiter.

Abb. 48

Up and Go

Pfötchen geben – „Pfote" – „andere Pfote"

Ein guter Start für das Pfötchen geben ist auch die geballte Faust mit Leckerli drin. Hungrige Hunde werden garantiert versuchen, an den Leckerbissen in der Faust zu kommen und dabei auch ihre Pfoten einsetzen. Das kann dann sofort bestärkt werden. Die Belohnung sollte dabei aus der anderen Hand gegeben werden!

Im nächsten Schritt werden die Leckerli aus der zu berührenden Faust entfernt, und schließlich wird die Faust allmählich immer weiter geöffnet, sodass der Hund schließlich die Handfläche berührt.

Möglich ist es auch, die geöffnete Hand auf den Boden vor die Pfote des Hundes zu legen. Mit der anderen Hand kann dann die Pfote des Hundes von hinten leicht angetickt werden, bis der Hund die Pfote hebt. In dem Moment schieben Sie Ihre andere Hand unter die Pfote des Hundes. Die Pfote des Hundes berührt Ihre Handfläche: In den weiteren Schritten muss die „helfende Hand" allmählich abgebaut werden.

Nun bringen Sie dem Hund bei, seine Pfote auf Ihr dargebotenes Knie und dann auf Ihren Fuß zu legen.

Abb. 49

Pfote auf Hand, Knie oder Fuß

„Gib mir fünf!"

Dafür sollte Ihr Hund zunächst das Pfötchen-Geben beherrschen, dann wird's zum Kinderspiel. Ihr Hund weiß ja nun, dass Ihre Hand das Target ist, das er mit der Pfote berühren soll. Sie brauchen dann – gegenüber dem Pfötchen-Geben – nur die Position der Hand allmählich zu verändern: Sie wird erst ein wenig gedreht und dann Schritt für Schritt in die gewünschte Position gebracht.

Halten Sie wie immer die Schritte klein und clicken und belohnen Sie jedes Mal, wenn der Hund die Hand mit der Pfote berührt.

Wie beim Pfötchen-Geben gilt: Immer erst mit der einen Hundepfote und der dazugehörigen, gegenüberliegenden Menschenhand üben. Sonst wird es verwirrend.

„Gib mir fünf" mit der anderen Hand und der anderen Hundepfote sollte zu einer separaten Übung ausgebaut werden. Neben einem anderen Hörzeichen, zum Beispiel „Noch mal fünf" oder „Andere fünf" lernt der Hund auch zu unterscheiden, dass Ihre ihm gezeigte rechte Handfläche (z. B. für „Gib mir fünf" mit der rechten Hundepfote) eine andere Bedeutung hat als die linke Hand (z. B. für „Andere fünf" mit der linken Hundepfote).

Wenn Ihr Hund nun beidseitig „Fünf" geben kann und Sie beide dann immer noch nicht genug haben, können aus den Fünf sogar Zehn werden, das heißt: Während Sie beide Hände heben, schlägt Ihr Hund mit beiden Pfoten gleichzeitig ein. Das setzt aber voraus, dass Ihr Hund das Männchen-Machen beherrscht.

„Winken" – „tschüss"

Am Einfachsten geht das, wenn der Hund schon „fünf" geben kann. Dabei allmählich das „Target" der Handfläche verschwinden lassen. Der Hund wird zunächst mit dem Sichtzeichen der Handfläche dazu animiert, die Pfote zum „Einschlagen" zu heben. Dazu wird die Hand etwas weggezogen, sodass die Pfote ins Leere geht. Allmählich geben Sie das Signal immer weiter von der Hundepfote entfernt. Das Sichtzeichen der dem Hund zugewandten Handfläche kann dann auch allmählich in eine winkende Bewegung umgewandelt werden.

Beinslalom – „Zick-Zack"

Ihr Hund sitzt links neben Ihnen. Den Target-Stick halten Sie dabei in der rechten Hand. Sie setzen das rechte Bein nach vorne. Den Target-Stick halten Sie dem Hund nun durch Ihr Bein entgegen, er

Abb. 50 *Beinslalom*

wird ihm folgen, „unterquert“ er Ihr Bein dann clicken und belohnen Sie bitte.

Dann setzen Sie das linke Bein nach vorne und wechseln gleichzeitig den Target-Stick in die linke Hand, strecken ihn Ihrem Hund wieder entgegen, er läuft wieder zwischen Ihren Beinen durch und erhält somit wieder einen Click und Belohnung.

Erst bestätigen Sie bitte jedes Unterqueren eines Beines. Wenn das klappt, kommt der Click und die damit verbundene Belohnung erst nach einer Rechts–Linkssequenz, dann vielleicht nach einer Dreierkombination rechts – links – rechts usw. Sie können sich zum Üben auch jeweils mit Ihrem Körper zum Hund drehen. Ihr Hund muss dann einfach nur lernen, durch Ihre Beine zu laufen; er kommt also zunächst immer von vorne auf Sie zu – egal, ob Sie

Abb. 51 *Schwindelfrei sollte man schon sein*

gerade mit dem rechten oder linken Bein einen Schritt machen. Ihre „Körperdrehung“ können Sie dann allmählich abbauen.

Wer nicht clickert, kann den Beinslalom auch gut mit Hilfe von zwei Leckerli oder zwei Spielzeugen (in jeder Hand eines) trainieren.

Die „Rolle"

Knien Sie vor den im Platz liegenden Hund und nehmen Sie ein Leckerli in die rechte Hand. Nun führen Sie das Leckerli in die Richtung, in die der Hund sich rollen soll, über seinen Rücken hinweg. Eventuell helfen Sie leicht nach, indem Sie ihn sanft weiterrollen. Das ist meistens nötig, da der Hund zu Anfang nicht genug Schwung nimmt. Loben Sie ihn, sobald er sich gerollt hat. Üben Sie das solange, bis Ihr Hund sich auf bloßes Handzeichen und/oder Kommando rollt.

Die Rolle gilt es mit verschiedenen Kommandos auf beide Seiten hin zu üben.

„Acht" zwischen den Beinen

Beherrscht der Hund den Beinslalom, wird einfach die „Schrittweite“ so variiert, dass aus dem Gehen nach vorne allmählich ein Auf-der-Stelle-Treten mit gespreizten Beinen wird.

Das Beugen des jeweiligen Knies beim Treten (eben ein Schritt auf der Stelle) signalisiert dem Hund, was zu tun ist. Wird für die „Acht“ später ein separates Signal eingeführt, kann auf die Bewegung des Knies ganz verzichtet werden.

Sprung durch den Armreifen – „durch"

Für diesen Trick braucht man eine(n) Helfer(in) und Leckerli. Der Helfer nimmt den Hund an die Leine. Sie knien auf den Boden und formen Ihre Arme zu einem Reifen. Nun setzt der Helfer den Hund auf die eine Seite (sodass Sie ihn durch Ihre Arme sehen können), zieht die Leine durch den „Armreifen“ und geht auf die andere Seite. Dann nimmt der Helfer Leckerli oder Spielzeug in die Hand. Nun sagen Sie „durch“ und der Helfer lockt den Hund. Wenn Ihr Hund durch Ihre Arme springt, erhält er sein Leckerli oder das Spielzeug und wird gelobt.

Sobald der Vierbeiner das gut kann, können Sie anfangen, alleine zu üben. Legen Sie das Leckerli/Spielzeug auf die eine Seite und setzen Sie den Hund auf die andere. Nun sagen Sie „durch“ und lassen den Hund durch Ihre Arme springen. Die Belohnung wartet ja auf der anderen Seite. Wenn Ihr Hund das beherrscht, können Sie allmählich die Höhe steigern und das Leckerli nicht mehr auf den Boden legen, sondern es ihm hinterher selbst geben.

15 Verhaltensauffälligkeiten, Probleme und Lösungsansätze

Aggressionen sind Teile des Normalverhaltens sozial lebender Tiere, dies gilt sowohl für Hunde als auch für den Menschen. Aggressives Verhalten besteht aus Drohverhalten und Angriff.

Aggressivität gegen Menschen mit Beißen oder Beißversuchen

Aggressionen, die der Hund gegenüber seinem menschlichen Rudel zeigt, werden rangordnungsbezogene Aggressionen genannt. Oft tritt dies auf, wenn der Hundehalter weder psychisch noch physisch seinem Hund gewachsen ist. Besonders kritisch wird es, wenn der Hund in seiner Sozialisierungsphase Narrenfreiheit hatte.

Bei einem selbstsicheren Tier, das angreift, erfolgt das Schnappen und schließlich das Beißen aus der Vorwärtsbewegung. Das zugrundeliegende Gefühl ist Wut, sprich die offene Aggression. Bei unsicheren und ängstlichen Hunden zeigt sich eine Verteidigungsbereitschaft; diese wird als defensive Aggression bezeichnet. Meist beißt dieser Hund, wenn er keine andere Wahl, z. B. eine fehlende Fluchtmöglichkeit, hat.

Auslösende Aggressionsfaktoren können zum einen eine schlechte bzw. fehlende Sozialisierung zum anderen genetische Faktoren sowie Erkrankungen des Gehirns oder des Körpers sein. Die angeborene Neigung, aggressiv zu reagieren, ist ein Wesensfehler – hier ist jede weitere Zuchtbemühung einzustellen.

Aggression gegenüber dem Menschen

Angstbedingte Aggression kann durch ein einziges Erlebnis auftreten. Meist wurde der Hund dabei in seiner Fluchtmöglichkeit eingeschränkt. Angst wird so zum Auslöser des Angstbeißens gegenüber bestimmten Personen.

Die schmerzbedingte Aggressivität gegenüber Menschen

Sie tritt auf, wenn der Hundehalter oder andere Personen bzw. Gegenstände einen schmerzauslösenden Prozess gegen den Hund ausführen (z. B. schmerzhaftes Bürsten des Felles oder eine stark schmerzende Wunde versorgen). Die Aggression kann weiter auftreten, auch wenn zum Beispiel die Wunde verheilt ist.

Aggressivität gegenüber Kindern

Diese tritt oft auf, wenn der Hund nach der Geburt eines Kindes vernachlässigt wurde. Der Hund verbindet somit die Anwesenheit des Babys mit der negativen Erfahrung, selbst nicht mehr beachtet zu werden. Ebenso kann aber auch eine unzureichende Sozialisierung schuld an dem aggressiven Verhalten gegenüber Kindern und Babys sein. Vielleicht hat auch der Hund in seiner Vergangenheit schlechte Erfahrungen mit Kindern gemacht. Kinder gehen, oft unbewusst, grob mit Tieren um. Des Weiteren fallen Kinder durch ihr Schreien und Weglaufen in das Beuteschema des Hundes.

Lösungsvorschläge zur Problembehebung

Obwohl es keine Behandlung gibt, um die zum Teil unberechenbaren aggressiven Neigungen des Hundes völlig zu beseitigen, können folgende Empfehlungen helfen, diese besser unter Kontrolle zu bringen.

Bei aggressivem Verhalten gegenüber fremden Menschen (z. B. Bellen, Knurren) muss immer mit 100 %iger Konsequenz streng genug geschimpft werden, damit der Hund sofort und jedes Mal damit aufhört. Dieses Schimpfen sollte unmittelbar nach Beginn der Aggression erfolgen. Vermeiden Sie das unabsichtliche Belohnen von Fehlverhalten durch Beruhigungsmaßnahmen wie z. B. Streicheln, Ansprechen, Geben von Leckerbissen oder sonstige Ablenkungsmanöver.

Um jedes Risiko in Situationen, in denen die Möglichkeit eines Angriffes besteht, auszuschließen, gibt es verschiedene Möglichkeiten:

- Halten Sie ihn an der Leine. Sperren Sie ihn in einem anderen Zimmer ein (z. B. bei Besuch).
- Halten Sie den Hund durch Kommandos wie Fuß, Platz usw. fest an Ihrer Seite, wenn dies Probleme mit 100 %iger Sicherheit verhindern kann. In potentiellen Problemsituationen, wo die notwendige, sichere Kontrolle über das Verhalten des Hundes nicht

gegeben ist, oder wo Probleme sich so plötzlich und unerwartet entwickeln können, dass man nicht schnell oder wirksam genug reagieren kann, um einen Angriff zuverlässig zu vermeiden, sollte der Hund immer einen Maulkorb tragen. Was das Befolgen von Befehlen und das Einstellen inakzeptablen Verhaltens angeht, sollten Sie bemüht sein, immer und überall besonders konsequent und streng mit dem Hund zu sein.

Um das Verhalten „Gehorsam- und Kontrollierbarkeit" des dominanten Hundes zu verbessern, die Wahrscheinlichkeit eines Angriffes zu verringern und den Hund auf eine friedliche, aber sehr wirksame Weise in seine Schranken zu weisen, sind folgende bewährte Maßnahmen zu empfehlen:

- Sie sollten es zur Regel machen, dass der Hund immer zuerst einen Befehl befolgen muss, bevor er das bekommt, was er will (d. h. sein Fressen, Spielen, gestreichelt werden, hinein- oder herausgelassen werden usw.).
- Machen Sie es auch zur Regel, dass Sie und nicht der Hund die Zeiten und die Dauer des Kontaktes zwischen Ihnen und dem Hund bestimmen. Er sollte also immer dann völlig ignoriert werden, wenn er kommt, um den Kontakt zu suchen. Sobald er jedoch aufgibt, kann er gerufen und gestreichelt werden.
- Streicheln Sie ihn zur Belohnung für das Befolgen von Kommandos wie „Komm" und „Sitz". Jegliches Streicheln sollte immer kurz und sachlich sein. Gehen Sie nie zum Hund, um ihn zu streicheln, anzusprechen usw. Rufen Sie ihn lieber zu sich mit dem Befehl „Komm".
- Ignorieren Sie völlig jede Art des Bettelns oder aufdringliches Verhalten (z. B. wenn der Hund versucht durch Hochspringen, Winseln, Anstarren, Stupsen, Lecken, Bellen usw. etwas von Ihnen zu bekommen, wie Aufmerksamkeit, Streicheln oder Leckerbissen).
- Es sollte dem Hund nicht mehr erlaubt sein, auf Möbelstücke zu springen oder das Schlafzimmer zu betreten. Dies alles soll künftig vom Rudelführer Mensch vereinnahmt sein.

Regeln für Hunde mit einer ernsten Form eines dominanzbedingten Aggressionsproblems:

1. Vorübergehendes Vermeiden aller aggressiven Konfrontationen, indem Handlungen unterlassen werden, die regelmäßig Aggression auslösen. Ferner werden momentane Beschäftigungen eingestellt, wenn der Hund anfängt, aggressiv zu werden.

2. Völliges Ignorieren des Hundes, wann immer er kommt, um Aufmerksamkeit, Kontakt zu erlangen, um gestreichelt zu werden, um Futter bettelt etc., ohne dass er gerufen wird.
3. Niemals gibt man dem Hund, was er möchte, wenn er darum bettelt oder etwas fordert.
4. „Nichts im Leben ist umsonst": Der Hund muss erst Kommandos wie „Sitz", „Bleib", „Komm" und „Platz" befolgen, bevor er etwas bekommt (z. B. sein Fressen, Streicheleinheiten, Auslauf).
5. Der Hund wird nur kurz als Belohnung für das Befolgen des Kommandos gestreichelt. Keine Liebkosungen mehr.
6. Der Hund darf nicht auf die Möbel, Bett oder in die Schlafzimmer.
7. Wenn der Hund im Weg liegt, muss er aufstehen und den Besitzer vorbeilassen.
8. Er darf im Haus keine Spielsachen, Kau- oder sonstige Knochen haben.
9. Der Hund darf beim Nachhausekommen nicht enthusiastisch vom Besitzer begrüßt werden. Dieser soll sich kühl und desinteressiert geben, während er die Begrüßung durch den Hund „toleriert".
10. Kampfspiele sollen vermieden werden. Besser noch, man spielt überhaupt nicht mit ihm. Stattdessen sollte man jeden Tag mit ihm in den Park gehen, wo er mit anderen Hunden spielen kann.
11. Mehr Strenge in allen Situationen walten lassen, in denen er es toleriert. Täglich mindestens eine halbe Stunde mit dem Hund an der Leine gehen, dabei häufig ohne Vorwarnung Richtung und Geschwindigkeit ändern, ihn währenddessen entschlossen in die eine oder andere Richtung ziehen, solange er es ohne das leiseste Anzeichen von Aggression toleriert.
12. Den Hund durch regelmäßige Belohnungen mit Leckerbissen oder durch Umdrehen und Weitergehen, ohne sich umzusehen und zu warten, daran gewöhnen, im Freien ohne Leine auf Zuruf schneller und zuverlässiger zu kommen.
13. Dem Hund nie gestatten, sich als erster durch die Tür zu drängeln. Man sollte ihn trainieren, den Besitzer als ersten durch die Tür zu lassen.
14. Familienmitglieder, die keine Probleme mit dem Hund haben, sollen ihn vorübergehend völlig ignorieren, ihn nicht füttern, kraulen, nicht mit ihm sprechen oder spielen.
15. Da der Hund eine potentielle Gefahr für Kinder darstellt, die durch Behandlungsmaßnahmen vielleicht nicht beseitigt oder verrin-

gert werden kann, empfehle ich ausdrücklich, den Hund nie alleine mit Kindern zu lassen und ihm nur unter Ihrer strengen Aufsicht begrenzten Kontakt mit Kindern zu erlauben. Am besten gewöhnen Sie den Hund an das Tragen eines Maulkorbes.

Wenn Ihr Hund aggressiv mit Ihnen spielt

Ihr Hund muss stets sofort dafür ausgeschimpft werden, wenn er angriffslustig in Hände, Beine, Hosen, Schuhe usw. beißt. Das Schimpfen muss genau in dem Augenblick, in dem das aggressive Verhalten beginnt, einsetzen.

Die Bestrafung muss streng genug sein, um das unerwünschte Verhalten sofort und jedes Mal zu beenden, jedoch nicht so hart, dass der Hund vollkommen verängstigt wird und mehrere Minuten braucht, um darüber hinwegzukommen. Spiele, die mit Kräftemessen (z. B. Tauziehen), direktem Wettbewerb zwischen Ihnen und dem Hund (z. B. Fangen) oder Schaukämpfen verbunden sind, sollten Sie mit dem Hund nicht mehr spielen. Generell darf dem Hund niemals erlaubt werden, Hand, Arm oder Kleidung einer Person ins Maul zu nehmen, weder im Spiel oder um etwas zu bekommen, was er will. Wenn der Hund zeigt, dass er das Bedürfnis hat zu spielen, regen Sie ihn zu akzeptableren Spielen an, z. B. indem Sie einen Ball oder ein Frisbee werfen. Aber beachten Sie dabei: Dies muss geschehen, bevor der Hund aggressiv wird. Vermeiden Sie es, aggressives Verhalten unabsichtlich zu belohnen, indem Sie mit dem Hund spielen oder ihn durch Werfen eines Balles o. ä. oder Füttern eines Leckerbissens ablenken, nachdem er angefangen hat, an Ihnen hochzuspringen, in Ihre Hände oder Hosenbeine zu zwicken usw. Viele Hunde lieben es nicht nur, aktiv mit gewisser Aggression zu spielen, sie brauchen das in gewisser Weise. Bringen Sie ihn deshalb zweimal täglich an einen Ort, wo er so lange mit anderen Hunden spielen kann, bis er das Interesse an weiteren aggressiven Spielen mit Ihnen verliert.

Aggression gegenüber anderen Hunden

Werden zwei oder mehrere Hunde in einem Rudel gehalten, so spielt sich unter diesen von alleine eine Rangordnung ein. Der Hundehalter sollte diese Rangordnung bestärken und immer den Ranghöheren bevorzugen. Wird der Alphahund unterdrückt, wird er dies dem Rangniedrigeren mit Sicherheit bei Abwesenheit des

Abb. 52 *No comment*

Hundeführers zurückzahlen. Der Ranghöhere erhält also zuerst sein Fressen, darf bevorzugt mit dem Hundeführer mit und sich in dessen Nähe aufhalten.

Kommt ein Hund oder ein Welpe neu ins Rudel, so ist dieser erst einmal rangniedriger. Dies kann sich jedoch während der Entwicklung des Welpen zum erwachsenen Hund verändern!

Bei Hunden außerhalb eines Sozialverbandes verhalten sich Rüden sowie Hündinnen untereinander gerne aggressiv. Ebenso kann das aggressive Verhalten bei Spaziergängen auch gegen eine bestimmte andere Rasse oder einem Hund mit einem bestimmten Aussehen vorkommen. Oftmals liegen die Gründe in einer schlechten Sozialisierung oder in schlechten Erfahrungen mit bestimmten Hunden.

Eine Kastration hilft manchmal bei dem Aggressionsverhalten unter männlichen Hunden. Sie hilft jedoch nicht bei Angst-, territorialer oder beschützender Aggression. Bei Hündinnen zeigt eine Kastration keinerlei reduziertes Aggressionsverhalten. Der wichtigste Schritt ist immer, die Kontrolle über den Hund durch Anleinen und durch eine gute Grunderziehung zu erhalten. Im Härtefall kann auf einen Maulkorb zurückgegriffen werden.

Statt einer endgültigen Kastration gibt es heute Alternativen wie den Hormonchip oder die Hormonspritze, um erst einmal einen Test zu machen – fragen Sie bitte bei Ihrem Tierarzt nach.

Wenn Ihr Hund auf Spaziergängen andere Hunde anknurrt oder angreift

Ihr Hund wird nur allmählich über einige Monate hinweg lernen, auf Befehl ruhiger und gehorsamer in der Gegenwart anderer Hunde zu werden. Alles braucht seine Zeit.

Sie müssen den Hund für das Anbellen und Anknurren anderer Hunde immer ausreichend ausschimpfen bzw. strafen, um dieses Verhalten sofort und immer zu unterbinden. Der Hund muss dabei angeleint sein und das Schimpfen muss beim ersten Anzeichen des unerwünschten Verhaltens erfolgen (2 Sekunden später ist bereits zu spät!). Sobald der Hund sich in dieser Situation beruhigt hat, sollten Sie ihm befehlen, sich zu setzen oder abzulegen und ihn für das Befolgen der Kommandos belohnen. Benutzen Sie besonders beliebte Leckerbissen als Belohnung für ruhiges, gehorsames Verhalten in Gegenwart anderer Hunde. Außerhalb dieser Zeiten geben Sie dem Hund überhaupt keine Leckerbissen.

Anfänglich ist zu erwarten, dass dieser ganze Vorgang nur dann erfolgreich durchgeführt werden kann, wenn der Hund nicht ganz so erregt bzw. aggressiv in dieser Situation ist. Vermeiden Sie es, den Hund in Problemsituationen unabsichtlich dadurch zu belohnen, indem Sie versuchen, ihn mit Streicheln oder Ansprechen zu beruhigen oder den Hund mit Spielen und Leckerbissen abzulenken. Der Hund soll keinen Verstärker für sein Verhalten erhalten.

Häufiges Spielen mit nicht aggressiven Hunden ist für Ihren Liebling zu empfehlen.

Die Benutzung eines Hilfsmittels, wie z. B. ein Kopfhalfter oder Maulkorb, kann in Problemsituationen das Training erheblich erleichtern.

Aggression zwischen zwei Rüden eines Rudels (Haushalts), die durch das Bestreben des jüngeren aufstrebenden Hundes, der den Status des älteren dominanten Hundes in Frage stellt, gekennzeichnet ist

Beobachten Sie die beiden genau, um herauszufinden, wer tatsächlich der Ranghöhere ist.

Unterbrechen Sie Kämpfe zwischen den beiden Hunden nicht, außer wenn eindeutig die Gesundheit eines der Tiere in Gefahr ist.

Unterstützen Sie eine klare Dominanz-Hierarchie zwischen den Hunden, indem Sie den, welcher die Führungsrolle unter den Hunden übernehmen kann und möchte, immer als ersten begrüßen, füttern und streicheln.

Füttern Sie ggf. den nicht führenden Hund erst etwa eine halbe Stunde später.

Aggression zwischen z. B. zwei Rüden in einem Haushalt, bei dem das dominanzbezogene Drohen so bösartig ist, dass es im Haus verhindert werden muss

Lassen Sie die Hunde viel Zeit draußen miteinander verbringen, wenn dies ohne wirklich gefährliche Kämpfe, also ohne schwere Verletzungen, möglich ist. Beobachten Sie die beiden genau, um herauszufinden, wer tatsächlich der Ranghöhere ist.

Wenn die beiden draußen sind, schreiten Sie nicht ein, um Kämpfe zwischen ihnen abzubrechen, außer wenn klar ist, dass einer der Hunde ernsthaft verletzt werden könnte, sofern der Kampf fortgesetzt würde.

Trennen Sie die beiden Hunde im Haus so lange, bis der Umgang, den sie draußen miteinander haben, über einen Zeitraum von ein bis zwei Wochen stabil und friedlich zu sein scheint.

Sobald Sie sicher sind, wer das ranghöhere Tier ist, unterstützen Sie die Bildung einer stabileren Rangordnung zwischen den beiden, indem Sie den ranghöheren Hund in allen Situationen, besonders aber in denen, in denen es manchmal Schwierigkeiten gegeben hat, zuerst beachten. Jede Art von Betteln des anderen Hundes muss dabei ignoriert werden.

Falls es trotz dieser gesamten Maßnahmen immer wieder zu heftigen Kämpfen kommt, muss entweder der rangniedrigere oder sogar beide Hunde kastriert werden.

Bei Rüden, die aggressiv allen anderen Rüden gegenüber sind und bei denen das Hauptgewicht der Behandlung eher auf der Kontrolle (durch Trainingsmethoden) als der Beseitigung des Problemverhaltens liegt

Eine Kastration ist zu empfehlen, um die Motivation des Hundes zur Aggression zu verringern. Vor der Kastration kann noch eine tierärztliche, hormonelle Behandlung erfolgen. Hiermit wird getestet, ob der veränderte Hormonstatus positiven Einfluss auf den Abbau aggressiven Verhaltens hat.

Die Benutzung eines Hilfsmittels, wie z. B. eines Kopfhalfters, könnte die Kontrolle über den Hund in Problemsituationen erheblich erleichtern.

Benutzen Sie täglich ca. 30 kleine Leckerbissen (d. h. Lieblingsleckerbissen des Hundes), um das Kommen auf Kommando beim Spaziergang zu trainieren, damit er leicht angeleint werden kann, wenn ein fremder Hund sich ihm nähert. Belohnen Sie den Hund immer, wenn er kommt, auch wenn dies erst eine Minute später ist. Außerhalb dieser Zeiten geben Sie dem Hund überhaupt keine Leckerbissen. Bestrafen Sie den Hund nie für zögerndes Kommen.

Versuchen Sie einfach, mehr Autorität in Problemsituationen auszuüben, damit Sie den Hund schneller und sicherer unter Kontrolle haben.

Vermeiden Sie es, den Hund unabsichtlich für aggressives Verhalten zu belohnen, zum Bespiel durch Versuche, ihn mit Streicheln oder Ansprechen zu beruhigen oder mit Spielen abzulenken.

Territorialverhalten und territoriale Aggression

Bellen am Gartenzaun oder wenn die Türklingel geht, Anspringen, gehemmtes Beißen und Verfolgen von Besuchern gehören zu häufigen, störenden Verhaltensweisen von Hunden. Diese sogenannte territoriale Aggression ist der Versuch, einen Eindringling mit Drohen oder Angriff zu vertreiben. Dies alles zählt zum Normalverhalten der Hunde. Hier gerät also nur die Natur des Hundes mit den Interessen des Menschen in Konflikt.

Das Territorium

Das Territorium ist definiert durch ein Gebiet, das von seinen Bewohnern patrouilliert, markiert (mit Harn-, Kot- oder Kratzmarkierungen, Bellen oder Heulen) und gegen Eindringlinge verteidigt wird. Innerhalb des Territoriums können sich Bereiche befinden, die intensiver verteidigt werden. Größere Territorien werden weniger intensiv verteidigt. Zum Territorium gehören die Wohnung, das Haus, der Garten und ebenso eine immer gleiche Spazierstrecke des Hundes. Manche Hunde brauchen nur ein paar Minuten, um ein Gebiet zu erkunden und zu markieren, dann verteidigen sie es gegen

Fremde. Hunde mit sehr ausgeprägter territorialer Veranlagung und Lernerfahrungen mit Territorialverhalten können einen hereinkommenden Menschen angreifen, nachdem sie wenige Minuten in einem fremden Raum verweilen.

Nach der Pubertät beginnen viele Hunde, Urin mit erhobener Hintergliedmaße abzusetzen. Bevor sie jedoch beginnen, ihr Territorium aggressiv zu verteidigen, müssen viele Hunde erst komplett erwachsen werden.

Zu den territorialen Verhaltensweisen gehören:

- Herumwandern/Erkunden des Territoriums
- Markieren durch Harn, Kot und Kratzen
- Akustische Markierung durch Bellen
- Liegen auf Aussichtsplätzen, Beobachten der Grenzen
- Wuffen bei Wahrnehmung eines Eindringlings

Bei der territorialen Aggression verbellen die Hunde fremde Vierbeiner und Menschen, die ihr Territorium betreten. Umso kleiner das Territorium, umso knapper sind die lebenswichtigen Dinge (Wasser, Futter, Rückzugsorte …) und desto heftiger wird es verteidigt. Das Vertreiben kann überall im Territorium gezeigt werden, aber vor allem da, wo man schon häufiger Eindringlinge „erwischt“ hat. Es wird heftiger, wenn der Eindringling sich dem „Kerngebiet“ des Territoriums nähert. Mit steigender Tendenz steigt die Aufregung, es kommen Elemente des Aggressionsverhaltens hinzu. Bei starker Tendenz wird die Drohung massiver; in manchen Fällen droht der Hund nicht, sondern startet sofort einen Angriff.

Bei Hunden, die Eindringlinge aktiv vertreiben, können nacheinander folgende Verhaltensweisen gezeigt werden:

1. Kurzes Wuffen beim ersten Bemerken des Eindringlings.
2. Verbellen, wenn der Eindringling weiterhin wahrgenommen wird.
3. Drohendes Bellen, wenn der Eindringling sich weiter nähert.
4. Vorstürmen in Richtung Eindringling, häufig mit Bellen.
5. Drohendes Anspringen evtl. (nicht immer) mit drohendem Bellen.
6. Beißen; in manchen Fällen wird der Eindringling beim Weggehen von hinten gebissen.

Abb. 53

Bellen hinter dem Zaun

Territorialverhalten

Auslösung der territorialen Aggression

1. Während der Hund sich in seinem Territorium aufhält:

Die Wahrnehmung von fremden Hunden, Menschen, anderen Tieren und Geräuschen, die auf solche Lebewesen hinweisen sowie der Anblick von Hunden oder Menschen, welche die Schwelle überschreiten (Gartentür, Wohnungs- oder Haustür) können die Aggression auslösen. Ebenso Geräusche, welche Eindringlinge ankündigen (Türklingel, Schritte vor dem Haus/der Wohnung, zuschlagende Autotüren …) und Besucher, die sich in der Wohnung auffällig verhalten. Bei vielen Hunden reichen Bewegungen aus. Je plötzlicher oder heftiger die Bewegungen sind, desto stärker kann der Hund reagieren. Bei Begegnungen auf dem Spaziergang verbellen Hunde, die ein ausgeprägtes Territorialverhalten zeigen, alle Menschen, Hunde, Traktoren, etc. Möglicherweise wird der gewohnte Spazierweg als Territorium betrachtet. Aber Achtung: Begegnungsprobleme können auch andere Ursachen haben!

2. Durch ungewohnte Gegenstände:

Der Satz „Melden Sie alles Ungewöhnliche!“ gilt nicht nur für Wachpersonal – sondern auch für territoriale Hunde. Unsicherheit,

Wuffen und Verbellen kann auch gegenüber neuen Dingen in der Wohnung (Kartons, Sonnenschirm, der tanzende Lichtschein einer Kerze ...) oder auf dem Spaziergang (gelbe Säcke, Fahnen ...) gezeigt werden.

Territoriales Verhalten (Aufpassen, Melden und Vertreiben) ist „Arbeit". Wenn ein Hund den ganzen Tag über auf Beobachtungsposten liegt, um Passanten oder Ähnliches anzubellen, dann hat er einen anstrengenden „Job", der müde macht und „stresst".

Hat ein Hund häufiger Gelegenheit zu wachen, zu melden und zu vertreiben, dann kann dieses Verhalten immer häufiger werden. Nach und nach reagiert der Vierbeiner auf immer kleinere Reize.

Territoriales Verbellen macht Spaß. Es ist häufig erfolgreich, da der Eindringling zurückweicht, Passanten gehen vorbei, der Briefträger verschwindet, der Vogel fliegt weg und unbekannte Geräusche brechen ab. Dies ist für unsere Hunde selbstbelohnend; dieses Verhalten trägt seine eigene Belohnung in sich.

Durch Zuchtauswahl haben wir erreicht, dass die territoriale Veranlagung bei einigen Hunden (kleine Terrier, Spitze, „Wachhunde" wie z. B. Hovawart, Rottweiler, Schäferhund, Sennenhunde, Herdenschutzhunde wie der Kuvacz) ausgeprägter ist. Territoriales Verhalten kann sehr früh gezeigt werden. In den meisten Fällen taucht es jedoch erst im 2. oder 3. Lebensjahr auf. Bei manchen Rassen (Herdenschutzhunde) können territoriale Probleme noch nach dem 3. Geburtstag beginnen. Der späte Zeitpunkt des Auftretens sagt nicht immer etwas über die Stärke der Veranlagung aus.

3. Weitere Einflussfaktoren auf die territoriale Aggression:

- **Spaziergänge:** Hunde mit kleinem „Streifgebiet", also solche, die immer dieselbe kurze Strecke spazierengehen, zeigen in vielen Fällen häufiger und intensiver territoriales Verhalten.
- **Hormone:** Testosteron und Stresshormone führen dazu, dass vorhandene aggressive Tendenzen häufiger und intensiver „ausgelebt" werden.
- **Mangelnde Impulskontrolle und Frustrationstoleranz:** Beides führt zu häufigeren und intensiveren Reaktionen.
- **Ängstlichkeit:** Ängstliche Hunde sind deshalb nicht weniger territorial. Im Gegenteil, viele ängstliche Hunde sind angespannter, aufgeregter und reaktionsbereiter. Andere Hunde scheint die Angst zunächst zu hemmen – die territoriale Reaktion kann dann ganz plötzlich und intensiv gezeigt werden. Der Mensch erlebt

eine „unvorhersehbare“ plötzliche Reaktion des Hundes, der zunächst sehr ruhig, vielleicht auch „unterwürfig“ erschien.

- **Besucherzahl:** Sehr viele, lebhafte oder ungeschickte Besucher (z. B. „aufdringliches“ Begrüßen des Hundes, heftige Bewegungen, laute Geräusche) können einen territorialen Hund überfordern. Er wird schnell oder mit der Zeit intensiver reagieren. Andererseits gilt dasselbe, wenn zu wenig Besucher kommen: Dem Hund fehlt dann die nötige Erfahrung.
- **Verhalten der Besucher:** An diesem Punkt unterscheiden sich Hunde ganz erheblich! Ruhige und gelassene Bewegungen mit Vermeiden von Blickkontakt zum Hund scheint einigen Hunden zu helfen. Andere reagieren ganz besonders stark auf ein solch ungewöhnliches Verhalten. Entgegen aller Erwartungen kann bei geringer territorialer Tendenz ein betont spielerisches, herzliches Verhalten des Besuchers die Stimmung des Hundes sofort ins Positive verändern.
- Die **Besitzer-Reaktion** beeinflusst das territoriale Verhalten des Hundes. Das erste Wuffen dient als Warnung an die Gruppe. Beim nachfolgenden Verbellen wünscht sich der Hund ein Mitmachen seiner Familie. Reagieren Frauchen und Herrchen gar nicht, dann muss der Hund deutlicher (lauter, heftiger) werden. Reagiert Herrchen oder Frauchen zornig – dann lernt der Hund, wer den Zorn auslöst = der Eindringling. Wenn wir also mit dem Hund schimpfen, wird er sein Gebell vielleicht unterbrechen – aber beim nächsten Mal umso heftiger loslegen! Hebt unser Hund den Kopf und schaut in Richtung Störenfried, bevor er losbellt? Wufft er aufgrund eines Geräusches oder eines nur kurz wahrnehmbaren Störenfriedes? Dann können die Menschen kurz und gelassen in Richtung Störenfried schauen, dem Hund beiläufig mitteilen: „Das war der Postbote. Alles in Ordnung.“, und sich demonstrativ wieder ihrer Tätigkeit widmen. Hunde erkennen unsere Stimmung aus Stimme und Verhalten – und können sich entspannen. Viele Hunde lernen so nach und nach immer weniger auf kleine Außenreize zu reagieren.

Vorbeugung bei Hunden, die territorial veranlagt sind

Es sollten häufig Besucher kommen. Der Besuch sollte für den Hund etwas Erfreuliches bedeuten. Vermeiden Sie negative Erfahrungen mit Besuchern. Andererseits sollte der Besuch keine zu große emotionale Bedeutung bekommen. Der Hund soll sich freuen, aber nicht in große Aufregung geraten. Beim Hereinkommen der Besucher sollte der Hund Leckerlis bekommen. Danach wird er in Ruhe gelassen und belohnt, wenn er sich hinlegt. Entwickeln Sie ein Ritual für das Hereinkommen von Familienmitgliedern und Besuchern, damit Ihr Hund gleichzeitig ein erwünschtes Verhalten erlernen kann.

Therapie bei unerwünschtem Territorialverhalten

Nützliche Ausrüstung: Nach vorbereitendem Training werden Sie mit dem Hund und „echten" Besuchern arbeiten. Um jedes Risiko zu minimieren, können Maulkorb, Hausleine, Kindergitter in den Türen oder eine Box zum sicheren Aufenthalt für den Hund benutzt werden.

Gestaltung des Alltags

Wenn ein Hund auf „kleine Außenreize" (Schritte vor dem Haus, kleine Tiere vor dem Fenster, kurz sichtbare Passanten ...) nur geringfügig reagiert, können die Besitzer verfahren wie oben beschrieben: sie teilen dem Hund mit, dass „Alles in Ordnung" ist. Die Besitzer sollten besonders freundlich gegenüber Besuchern sein. Viele territoriale Hunde übernehmen diese Stimmung. Ein häufiger Wechsel der Spazierstrecken vergrößert das Streifgebiet des Hundes, und kann Territorialverhalten reduzieren. Dem Hund können Gegenstände (zum Beispiel Teile des Einkaufs) zum Betrachten und Beriechen gezeigt werden. Ungewöhnliche Gegenstände können in die Wohnung gebracht und dem Hund zum Erkunden überlassen werden. Betroffene Hunde sollten viele verschiedene Menschen und Hunde als „Freunde" kennenlernen und mit ihnen zusammen sein. Territorial „hochbegabte" Hunde binden sich stark an ihr Zuhause. Eine Urlaubsreise kann daher ganz erheblichen Stress bedeuten.

TIPP

Manche dieser Hunde reagieren intensiv auf alles Ungewöhnliche, sodass Ausflüge in fremde Umgebungen oder Veränderungen im Haushalt eine stärkere Herausforderung darstellen, als wir Menschen es erwarten würden. Wenn Sie dies bei einem Hund beobachten, dann ist es wichtig, Ausflüge oder häusliche Veränderungen sorgfältig zu dosieren.

Nützliche Übungen

Zum Aufbau von Ritualen können folgende Signale eingeübt werden: Sitz, Platz, Bleib, Geh auf Deinen Platz. Bauen Sie diese Übungen sehr gründlich auf und achten Sie darauf, dass sie mit positiver und entspannter Stimmung besetzt werden.

Es ist nützlich folgende Signale zu trainieren:

- **„Geh da rein“:** Der Hund läuft von seinem Menschen weg in einen Raum und hält sich dort auf.
- **„Hinten!“:** Der Hund begibt sich hinter den Menschen, und läuft hinter ihm her, bis er freigegeben wird.
- **„Umkehrsignal“:** Der Hund wendet sich zum Menschen hin und kann von ihm weggeführt werden. Als Hörsignal kann z. B. ein Zischen oder ein Schnalzen verwendet werden.
- **„Such!“:** Der Hund senkt seine Nase zum Boden und sucht nach Futter.

Steigerung der Impulskontrolle

Dazu sollte das schnelle Reagieren auf die genannten Signale und das Bleiben in der entsprechenden Position unter geplanter und langsam steigender Ablenkung geübt werden. Trainieren Sie eine ganze Reihe von Ablenkungen, bevor Sie die Übung in Besuchersituationen benutzen. Wichtig: Die Übungen sollten u. a. an Orten durchgeführt werden, die mit territorialen Erfahrungen verknüpft sind (Haustür, Gartenzaun …). Setzen Sie gezielt Ablenkungen wie Öffnen und Schließen der Haustür, Hinein- und Hinauskommen eines Menschen und andere Reize ein, die in auslösenden Situationen für Territorialverhalten vorkommen können.

Verhindern von territorialer Aggression

Territoriale Aggression (incl. Verbellen) sollte verhindert werden, wo immer das möglich ist! Dies ist sehr wichtig. Der Hund darf nicht vor der Haustür oder einem Fenster liegen und alles anbellen, was vorbei kommt. Lassen Sie Aussichtsplätze versperren, das Radio anstellen, Gardinen vor die Fenster hängen, die Klingel abstellen, den Hund hinausbringen, wenn Besuch kommt – je nach dem, was das Verhalten des Hundes auslöst.

Was tun, wenn der Hund doch einmal territoriale Aggression zeigt?

Der Hund sollte so bald wie möglich unterbrochen werden. Dazu kann ein Signal verwendet werden (z. B. das Abrufsignal oder Umkehrsignal), oder ein ablenkendes Geräusch (z. B. im Nebenraum fällt etwas hin). In manchen Fällen kann der Besitzer sich zwischen Hund und Auslöser stellen, und den Vierbeiner so besser ansprechen.

Eine weitere Möglichkeit ist, den Hund mit Futter *abzulenken*. Damit wird das Territorialverhalten nicht verstärkt bzw. belohnt. Die Belohnung für den Hund wäre das Verschwinden des Eindringlings. Stattdessen kann das Leckerchen den Therapieprozess sogar begünstigen, denn das Füttern wirkt gegenkonditionierend.

Training der schwierigen Situationen

Zunächst muss herausgefunden werden, zu welchem Zeitpunkt der Hund das Eintreffen von Besuchern wahrnimmt, und wo er mit ihnen zusammen sein wird. Von der ersten Wahrnehmung bis zum Verschwinden der Besucher können eine Reihe von Risiko-Situationen entstehen, die gestaltet werden sollten. Für diese Risiko-Situationen werden Rituale entwickelt. Diese Rituale sollten folgende Ziele erreichen: Territoriale Aggression wird verhindert und der Hund erlernt Gelassenheit und eine positive Erwartung gegenüber Besuchern. Ein stabiles Alternativverhalten wird über die Gegenkonditionierung trainiert.

Die genaue Gestaltung der Rituale ist abhängig von den räumlichen Gegebenheiten (enger oder weiter Raum, verschließbare Türen oder offene Wohnung mit wenig Türen, Ort der ersten Begegnung mit Besucher etc.), der Lenkbarkeit des Hundes, der Intensität seines Verhaltens, den Fähigkeiten der Besitzer und ihren unveränderbaren Gepflogenheiten. Diese Rituale werden schrittweise aufgebaut. Suchen Sie zunächst ein Ritual, das sofort umsetzbar ist. Der Hund kann z. B. zunächst das Fressen auf das Signal „Such!“ in territorialen Situationen einüben (z. B. wenn jemand die Schwelle übertritt). Später wird ein Alternativverhalten trainiert. Achtung! Um die Rituale einzuführen, spielen in jedem Fall zunächst Familienmitglieder die Rollen der Besucher. Beherrschen die Menschen den Ablauf, kann das Ritual beim täglichen Heimkommen durchgeführt werden. Danach werden Besucher hinzugezogen, die der Hund gut kennt und mag. Mit der Zeit werden weitere, „schwierigere“ Personen eingebunden. Ein Hund kann sich z. B. in einem anderen Raum aufhalten (Betreten des Raumes mit „Geh da rein“), und angeleint hereingeholt werden, wenn der Besuch sitzt. Beim Anblick der Besucher wird er gefüttert. Er darf sich auf einen bequemen Platz legen, und dort ein Schweineohr fressen. Steht ein Besucher auf (z. B. auf dem Weg zur Toilette), erhält der Hund ein Leckerchen. Nach einer bestimmten Zeit wird er hinausgebracht. Schaffen Besitzer und Hund diese Rituale problemlos, dann können sie umgestaltet werden, bis der Hund die ganze Zeit dabei ist. Ein anderes Beispiel: Ein kleiner Hund wird auf dem Arm des Besitzers gehalten und gefüttert, während die Besucher hineinkommen. Hat die erste Aufregung sich gelegt, dann wird er angeleint zu Boden gelassen, und sucht nach Futter. Hat der Hund nach einigen Besuchern seine aggressive Tendenz abgelegt, dann braucht er nicht mehr auf den Arm genommen zu werden, sondern sucht nach Futter, und kann sich dann auf ein Signal hin an eine ihm zugewiesene Stelle setzen oder legen. Es ist nicht immer einfach, ein sicheres und zuverlässiges Ritual mit Hund und Mensch zu entwickeln. Überlegen Sie sorgfältig, welches Ritual langfristig angestrebt werden kann und welches sofort für Besitzer und Hund machbar ist. Achten Sie in jedem Fall darauf, dass der Hund ausreichend gesichert ist und genug Abstand zum Besuch eingehalten wird.

Beispiele für Ritual-Elemente:

Wenn die Besucher hereinkommen:

- Der Hund hat die Besucher auf neutralem Gelände (z. B. auf der Straße) getroffen und begleitet sie herein.
- Er wird vorher in einen anderen Raum gebracht.
- Beim Anblick der Besucher sucht der Hund Futter am Boden.
- Der Hund setzt oder legt sich an einen bestimmten Ort und bleibt dort.
- Der Besitzer hält den Hund an der Leine und füttert ihn.

Wenn die Besucher durch die Wohnung gehen:

- Der Hund liegt weiterhin auf einem zugewiesenen Platz.
- Er läuft hinter seinem Menschen her.

Die Gäste haben sich gesetzt:

- Der Hund setzt oder legt sich an einen bestimmten bequemen Ort und bleibt dort.
- Der Hund bekommt etwas zu kauen.
- Steht ein Gast auf, spricht laut oder bewegt sich, bekommt der Hund Leckerlis, bis die Situation vorbei ist.

Aggressivität aus dem Beutefangverhalten gegenüber Hunden, Wild, Menschen, Autos und Motorrädern

Aus seinem Jagdverhalten beißt der Hund sofort, ohne vorher zu knurren oder zu bellen, zu. Dies ist aus dem Beutefangverhalten heraus gesehen ganz normal, denn der Hase oder das Reh werden vorher auch nicht angeknurrt oder angebellt.

Eine entsprechende Gegenkonditionierung ist durch das rechtzeitige Abbrechsignal für das Aggressionsverhalten unbedingt notwendig.

! **Aggressivität ohne erkennbare Ursachen gibt es nicht. Gibt es nach klinischen Untersuchungen keine Hinweise auf neurologische Störungen oder andere organische Erkrankungen, so muss recherchiert werden, wo der Hund in der nahen oder fernen Vergangenheit schlechte Erfahrungen gemacht hat. Dies kann beim Vorbesitzer, im Tierheim, in einer Hundepension ... gewesen sein.**

Angst/Furcht

Schmerzen, Feinde oder bestimmte Geräusche und Gestalten sind angeborene Angstauslöser. Angst und die dadurch hervorgerufenen Reaktionen dienen dem Schutz des Lebens und sind biologisch sinnvoll. Angstverhalten ist ein natürlicher Schutzmechanismus. Das Verhalten ist wie bei uns Menschen genetisch verankert, individuell verschieden und wird durch Lernerfahrungen beeinflusst. Alle unbekannten Dinge werden zunächst einmal als potenziell gefährlich eingestuft. Die Angst vor etwas Neuem ist gewissermaßen angeboren. Ein Mangel an Erfahrungen, vor allem während der Sozialisationsphase, führt so zu vermehrt ängstlichem Verhalten. Auch schlechte Erfahrungen können Angst verursachen.

Angstanzeichen

- Veränderung der Mimik oder des Verhaltens
- Angelegte Ohren
- Eingezogene Rute
- Zittern
- Geduckte Haltung oder „Rundrücken“

- Erweiterte Pupille
- Heftiger Kot- oder Urinabsatz bis hin zu Durchfall
- Schwitzen und/oder starkes Hecheln

Leider kann schon eine einzige Angsterfahrung bewirken, dass der Hund später ängstlich reagiert. Es kann leider auch zu einer Generalisierung des Verhaltens kommen, das heißt, die Angstreaktion wird auch auf andere Situationen übertragen. Bei sensiblen Rassen (z. B. Windhunde) wird angenommen, dass eine Veranlagung zu ängstlichem Verhalten angeboren ist.

In vielen Fällen habe ich beobachtet, dass die Besitzer ängstlicher Hunde selbst eher vorsichtige Typen sind. Durch ihr menschliches Verhalten geht die Angst und Unsicherheit oft auf den Hund über. Hinzu kommt, dass unsichere Besitzer kritische Situationen eher vermeiden, anstatt diese gezielt mit ihrem Hund zu trainieren. Diese fehlenden Erfahrungen führen dazu, dass das Tier später noch ängstlicher reagiert.

Sprechen Sie dem Hund freundlich und beruhigend zu, **bestärken Sie das ängstliche** Verhalten leider positiv. Die Angst tritt so regelmäßig auf. Der Hund lernt, dass es erwünscht ist, Angst zu haben und dass ihm dieses Verhalten Zuwendung und Streicheleinheiten bringt.

Genau so problematisch ist es, einen ängstlichen Hund in der Angstsituation zu bestrafen. Zu seiner Angst vor der entsprechenden Situation kommt dann noch die Angst vor der Reaktion des Besitzers. Der Besitzer sollte sich möglichst von vorn herein neutral verhalten und das ängstliche Hundeverhalten außer Acht lassen.

Besteht bereits seit längerer Zeit ein Angstproblem, sind meist langwierige Maßnahmen wie Desensibilisierung oder Gegenkonditionierung nötig, um den Schwierigkeiten zu begegnen.

Die angeborenen Angstverhaltensmuster sind:

- Erstarren (die Bedrohung ist weit weg oder unausweichlich)
- Beschwichtigungsgesten zeigen (Versuche, um den Gegner zu besänftigen)
- Flucht (die Bedrohung ist nahe und kann aber durch Flucht vermieden werden)
- Angreifen (um die Bedrohung zu vertreiben oder zu beseitigen)

Signalisieren Sie Ihrem Hund in Angstsituationen, dass Sie den angstauslösenden Reiz ebenfalls bemerkt haben. Bleiben Sie hierbei völlig sicher, gelassen und cool. Unser Verhalten hat große Auswirkung auf unseren Hund, da wir von diesem ständig beobachtet werden. Hierbei können wir dem Hund Sicherheit, aber auch das Gegenteil vermitteln.

Mögliches Angstverhalten des Hundes:

- Defensives Drohen oder sogar Aggressionen
- Winseln oder unsicheres Bellen
- Das Kopfhinwenden zum Angstauslöser
- Flucht oder auf die Seite springen
- Ausweichen bzw. Abstand nehmen

Angst beim Autofahren

Im Allgemeinen sollte ängstliches Verhalten (d. h. Zittern, Hecheln, Winseln, Speicheln) völlig ignoriert werden, d. h. das Streicheln, Ansprechen, Anschauen, in den Arm nehmen etc. des Hundes sollte völlig unterlassen werden, wenn er Angst zeigt.

Bei der Therapie, über die wir in der Konsultation ausführlich gesprochen haben, wird folgenderweise vorgegangen:

- Benutzen Sie ca. 30 bis 40 sehr kleine Leckerbissen (d. h. die Lieblingsleckerbissen des Hundes) während der folgenden täglichen Übungseinheiten (ansonsten bekommt er keine Leckerbissen)
- Den Hund zuerst im stehenden, später im fahrenden Auto füttern
- Gehorsamsübungen direkt neben dem Auto
- Einsteigen ins Auto auf Kommando
- Gehorsamsübungen im Auto (Motor läuft nicht)
- Gehorsamsübungen im Auto mit laufendem Motor (Fahrzeug steht)
- Im Auto bleiben, ohne Angst zu zeigen während sehr kurzer Fahrten (von nur einigen Metern)
- Allmähliches Steigern der Länge der Fahrten

Jede der oben genannten Übungsstufen muss mit dem Hund trainiert werden. Erst wenn er bei einer Stufe keine Zeichen von Angst zeigt und sich völlig entspannt und zufrieden verhält, kann mit der nächsten Stufe begonnen werden.

Während der ganzen Verhaltenstherapie darf der Hund – außer während der Übungen – überhaupt nicht im Auto mitfahren. Selbst gelegentliche Fahrten würden die durch die Therapie erzielten Erfolge zunichte machen.

Angst vor Besuchern

Belohnen Sie den Hund großzügig mit Streicheln, Loben und vor allem mit Leckerbissen für gutes (d. h. nicht ängstliches oder aggressives) Verhalten in der Gegenwart von Besuchern zu Hause. In anderen Situationen geben Sie dem Hund keine Leckerbissen.

Ängstliches Verhalten ohne Aggressionen sollte immer komplett ignoriert werden; das bedeutet, jegliches Streicheln, Ansprechen, Ansehen, Ablenken, Hochnehmen usw. sollte eingestellt werden, wenn der Hund Anzeichen von Furcht zeigt.

Was das Trainieren, Kontrollieren oder Ausschimpfen des Hundes angeht, behandeln Sie den Hund wie jeden anderen auch. Das bedeutet unter anderem, dass beim Knurren und Schnappen nach Menschen immer streng genug geschimpft werden muss, um das Problemverhalten sofort zu unterbinden.

„Blaue-Himmel-Phobie"

Ängstliches Verhalten bei blauem, wolkenlosem und „Flugzeugstreifen-freiem" Himmel sollte immer völlig ignoriert werden, d. h. das Streicheln, Ansprechen, Anschauen, die Aufforderung zum Spiel muss Ihrerseits konsequent eingestellt werden, wenn der Hund Zeichen von Angst zeigt, indem er z. B. zittert, auf Spaziergängen zu Ihnen kommt, um den schützenden physischen Kontakt zu suchen oder wenn er eine ängstliche, geduckte Körperhaltung zeigt.

Lassen Sie sich vom ängstlichen Verhalten des Hundes beim Spaziergang nicht beeinflussen, d. h. gehen Sie ebenso schnell und weit wie sonst auch. Warten Sie nicht auf den Hund, wenn er sich weigert, weiterzugehen. Nehmen Sie immer den gewohnten Weg.

Was Training, Kontrolle, Schimpfen etc. betrifft, betrachten Sie den Hund auch beim Spaziergang an den sogenannten „Blauer Himmel-Tagen" als völlig normal und behandeln Sie ihn entsprechend.

Diese allgemeine Art der Behandlung wird eine Verschlimmerung des Problems verhindern. Außerdem kann sie sogar helfen, das ängstliche Verhalten allmählich (d. h. über einige Monate) zu reduzieren; eine vollständige Beseitigung ist jedoch nicht immer zu erwarten.

Berührungsangst und/oder Angst beim Bürsten

Ein verhaltensauffälliger Hund sollte immer einen Maulkorb tragen, wenn er z. B. in ein Restaurant oder einen Biergarten mitgenommen wird, wenn er vor dem Supermarkt angeleint wird, wo Kinder oder freundliche Erwachsene sich ihm nähern könnten, um zu versuchen, ihn zu streicheln, oder beim Benutzen öffentlicher Verkehrsmittel, wo der enge physische Kontakt zu Fremden unvermeidlich ist.

Solange es keinen Weg gibt, dem Hund die tiefsitzende Angst vor Fremden vollständig zu nehmen, wird es immer notwendig sein, Gäste oder Fremde, die sich dem Hund auf der Straße nähern, davor zu warnen, nach dem Hund zu greifen, ihn anzufassen oder ihm zu nahe zu kommen.

Außerdem sollte tägliches Gehorsamkeitstraining durchgeführt und eine gute Hundeschule besucht werden, um den Hund in Situationen, wo er aggressiv zu Fremden werden könnte, besser kontrollieren zu können.

Unterlassen Sie die unabsichtliche Belohnung des ängstlichen oder aggressiven Verhaltens gegenüber fremden Menschen, indem Sie ihn als Reaktion auf sein Knurren, Bellen oder Schnappen streicheln, mit ihm sprechen, ihn hochnehmen oder ihn mit einem Knochen, Spielzeug oder Spiel ablenken. Auch wenn solche Maßnahmen kurzfristig zu funktionieren scheinen, machen sie die Sache auf Dauer immer schlimmer.

Methode, um einen Hund daran zu gewöhnen, sich bürsten zu lassen, ohne aggressiv zu reagieren:

1. Benutzen Sie die Lieblingsleckerbissen des Hundes, um mit ihm „Komm“, „Sitz“, „Platz“ und „Bleib“ in der Situation zu trainieren, in der er gebürstet werden soll. Geben Sie dem Hund außerhalb dieser Trainingssituation keinerlei Leckerbissen.
2. Entscheiden Sie, wie weit Sie mit Bürsten oder Berührungen gehen können, ohne Aggression auszulösen: Finden Sie genau heraus, was der Hund ohne Knurren hinnimmt (z. B. leichtes Bürsten mit 3–4 Strichen ist ungefährlich, längeres oder intensiveres Bürsten jedoch nicht).
3. Belohnen Sie den Hund bei diesen über den Tag verteilten Übungseinheiten für sein Stillsitzen oder -stehen während des Bürstens ohne zu knurren, wenn Sie ihn in der Weise bürsten und berühren, die er normalerweise toleriert.

4. Sobald sich der Hund an dieses „Spiel“ gewöhnt hat, beginnen Sie sehr vorsichtig, über das bisher tolerierte Limit hinauszugehen (z.B. versuchen Sie, ihn ein wenig länger oder fester zu bürsten als bisher).
5. Sobald er auch dies ohne Knurren hinnimmt, verändern Sie wiederum die Spielregeln, sodass er noch ein wenig mehr aushalten muss, um belohnt zu werden.
6. Sollte der Hund an irgendeinem Punkt dieser Übung knurren, belohnen Sie ihn nicht; warten Sie einige Minuten und nehmen dann das Training in einer vorhergehenden Stufe wieder auf (z.B. mit wesentlich leichterem Bürsten). Verharren Sie einige Zeit auf dieser Stufe, bevor Sie erneut die Intensität/Dauer steigern – diesmal jedoch sehr viel langsamer als beim vorigen Versuch.

Ganz unkonventionell ist es, ein „Vesperbrett“ mit Streichkäse oder Leberwurst einzustreichen. Während des Bürstens kann Ihr Hund dies dann ablecken. In den meisten Fällen wird Ihr Hund dies genießen.

Silvester – Stress für Tiere

Für die meisten Hunde und anderen Haustiere sind Böller, Knaller und grelle Lichtblitze großer Stress.

Was können wir tun?

- Gehen Sie vom 30. Dezember bis 01. Januar mit Ihrem Hund nur an der Leine spazieren, es könnte sein, dass er sich vor einem Knaller erschreckt und weg rennt!
- Schließen Sie alle Fenster und ziehen Sie die Vorhänge zu. So schützen Sie ein wenig Ihr Tier vor dem Geschehen draußen.
- Beachten Sie das Heulen und Jaulen Ihres Hundes nicht und bleiben Sie selbst ruhig. Zeigen Sie dem Tier dadurch, dass alles in Ordnung ist.
- Schaffen Sie dem Hund ein artgerechtes „Versteck“. Dieses Versteck kann mit Lieblingsdecken, Spielzeug und einem von Ihnen getragenen T-Shirt ausgestattet sein.
- Ein laufender CD-Spieler (ohne Feuerwerksübertragung) kann zusätzlich vom Krach draußen ablenken. Lassen Sie auch hier den Tag über den CD-Player an.
- Eine mind. 2 Wochen vorher beginnende Pheromon-Therapie (z.B. D.A.P.-Zerstäuber) oder pflanzliche Beruhigungsmittel kön-

nen die oben genannten Maßnahmen ergänzen. Ihr Tierarzt berät Sie gerne auch über andere schulmedizinische Beruhigungsmittel.

- Silvester gibt es jedes Jahr! Eine „Geräusche-Desensibilisierungstherapie“ hilft, die Angst einzudämmen. Hierbei wird Ihr Hund langsam und über einen längeren Zeitraum mittels einer CD mit den Angst auslösenden Geräuschen konfrontiert.
- Für Ihre Katze richten Sie am besten einen ruhigen Platz ein, damit sie sich verkriechen kann. Käfige von Heimtieren und Vögeln sollten Sie mit einer Decke abdecken, so dass genügend Luft hinein kommt, aber die Tiere gut gegen Lärm und Licht geschützt sind!

Beschwichtigungssignale (Calming Signals)

In den letzten Jahren hat sich das Augenmerk der Wissenschaft immer mehr auf Signale gerichtet, die angespannte Situationen entschärfen sollen. Unsere Hunde, egal wie alt sie sind, wenden regelmäßig konfliktlösende Signale an. Jeder Hund sendet Beschwichtigungssignale aus und kann sie seinerseits auch lesen. Diese Signale sind genetisch festgelegt. Hunde senden sie immer aus, wenn sie beunruhigt sind oder wenn der andere Hund oder auch der Mensch solche Zeichen sendet.

Ein Hund kann nonverbale Signale von uns Menschen sehr schnell lesen und erkennen, wann wir Angst haben oder wann wir unsicher sind.

Mit den Calming Signals vermittelt der Hund seinem Gegenüber, dass er sich zwar etwas unbehaglich in der momentanen Situation fühlt, aber dem anderen gegenüber keine feindlichen Absichten hat und nicht angreifen möchte. Ein Hund, der Beschwichtigungssignale verwendet, sucht keinen engen Kontakt zu seinem Gegenüber. Calming Signals sind wichtig, um Konflikte zu lösen oder zu vermeiden.

Die wichtigsten Beschwichtigungssignale sind:

- Der Hundekopf dreht sich vom anderen Hund weg.
- Der Hund macht einen Bogen.
- Die Augen werden abgewendet und der direkte Blickkontakt wird vermieden.
- Dem anderen Hund die Seite oder den Hintern zudrehen.
- Der Hund leckt sich kurz die eigene Nase.

- Der Hund „erstarrt“, fixiert sein Gegenüber dabei nicht.
- Der Hund bewegt sich sehr langsam und fixiert nicht.
- Es werden Spielaufforderungen gezeigt – Spielverbeugung.
- Der Hund gibt die Pfote oder hebt eine Pfote an – Pföteln.
- Der Hund setzt sich oder legt sich hin.
- Der Hund schnüffelt mitten aus der Begegnung am Boden.
- Es wird mit gesenkter Rute schnell gewedelt.
- Die hängende Rute pendelt langsam.
- Der Hund markiert oder gähnt.

Ich bin jedoch der Meinung, dass nicht jedes Gähnen oder Pföteln ein Beschwichtigungssignal sein kann. Oft gähnen meine „Roma“ oder meine „Ria“ nur, weil sie müde sind. Ebenfalls gähnen Hunde auch, wenn gar keine anderen Hunde dabei sind, auf die das Beschwichtigungszeichen gerichtet sein könnte.

Die Beschwichtigungssignale wirken auch von Mensch zu Hund im Sinne der Stimmungsübertragung. Ein gestresster, ängstlicher oder aggressiver Hund wird sich schneller beruhigen, wenn Sie beruhigende Hundesignale aussenden und sich selbst über die Lippen lecken oder den Hund angähnen. Versuchen Sie es doch einmal selbst. Sie können so zum Beispiel schneller das Vertrauen eines ängstlichen Hundes gewinnen. Übertreiben Sie jedoch das Ganze nicht.

Der Verlauf von Generalisierung von Angstproblemen in einem Beispiel

Phase 1: Am Anfang steht das ängstliche Verhalten in einer einzelnen Situation. Viele Hunde verhalten sich in bestimmten Situationen ängstlich. Es gibt Hunde, die Angst vor Flugzeugen, Mülltonnen, Staubsaugern, Heißluftballons, Männern mit Hüten, Schüssen, Feuerwerk und vielem anderen haben.

Beispiel: Der Hund erschrickt, wenn in das Müllauto die Mülltonnen entleert werden.

Phase 2: Mit der Zeit wird das Angstgefühl auch auf andere Situationen übertragen und es kommt zu einer Generalisierung. Dies kann über einfache Verknüpfungen passieren, bei denen nun andere Reize zur Vorankündigung für den eigentlichen Angstauslöser werden.

Beispiel: Hat der Hund nun Angst vor Müllautos, wird er im Laufe der Zeit lernen, dass er immer dann mit Müllautos zu rechnen hat, wenn Mülltonnen auf der Straße stehen. Der Hund hat dann künftig nicht nur Angst vor den Müllautos, sondern auch vor Mülltonnen.

Phase 3: Eine zunehmende Generalisierung kann schließlich dazu führen, dass der Hund überhaupt nicht mehr in der Lage ist, Umweltreize angemessen zu beantworten, und er zunehmend depressiv wird. Man bezeichnet diesen Zustand als erlernte Hilflosigkeit. Dies kann nur medikamentös behandelt werden.

Beispiel: Der Hund verknüpft nun das Müllauto mit den auf der Straße stehenden Mülltonnen und die Mülltonnen immer mit z. B. der Morgendämmerung – da er immer zu dieser Zeit seine Beobachtung beim Gassi gehen gemacht hat.

Trennungsangst

Wenn ein Hund allein zurückgelassen wird und dabei Verhaltensweisen wie Zerstörungswut, lang anhaltendes Bellen zeigt oder mit Urin- und Kotabsatz reagiert, so bezeichnet man dies als Trennungsangst.

Dies kommt nicht nur bei jungen Hunden vor, sondern können auch Alterserscheinungen, vergleichbar mit Demenz beim Menschen, sein. Ebenso tritt die Trennungsangst auch beim Neuzugang

Abb. 54 *Wann kommt denn Herrchen endlich heim*

eines erwachsenen Hundes auf. Das Alleinsein ist für das Rudeltier Hund erst einmal eine unangenehme Situation. Die Trennungsangst kann auch bei plötzlichen Veränderungen der familiären Umstände (Scheidung, Tod eines Familienmitgliedes, Umzug ...) auftreten. Ebenso können traumatische Erlebnisse (der Hund war bei einem starken Gewitter, bei einem Einbruch ... alleine) diese Angst ausgelöst haben.

Hilfreich für das Alleinsein-Training ist eine Box. Nach einem guten Gewöhnungstraining liegt der Hauptvorteil darin, dass sich Ihr Hund in der Box sicher fühlt. Des Weiteren wird er in der Box weder Kot oder Urin absetzen; ebenso ist der Zerstörungsdrang eingeschränkt.

Gewöhnen Sie Ihren Liebling vom 1. Tag daran, immer wieder kurz (d. h. zunächst nur wenige Sekunden bis max. 5 min.) alleine zu sein.

Verabschiedungen von Ihnen mit Streicheln, Erklärungen oder Beruhigungsworten sind überflüssig – nein, Sie machen es unnötig schwer. Es ist wichtig, dass Sie Ihren Hund auch bei der Begrüßung nicht überschwänglich beachten.

Üben Sie täglich in der Wohnung, indem Sie die Tür hinter sich schließen, wenn Sie aus dem Zimmer gehen. Nach kurzer Zeit können Sie wieder hereinkommen und den Hund belohnen, wenn er ruhig war. Schimpfen Sie nicht, wenn er gejault hat. Dann war die Trennung zu lange.

Achten Sie darauf, nicht ausgerechnet herein zu kommen, wenn der Hund jault oder winselt. Arbeiten Sie sich Schritt für Schritt an längere Trennungen heran, indem Sie Tag für Tag die Dauer der Trennung ein klein wenig ausdehnen.

Die max. Trennungszeit (Zeit, wo sich der Hund alleine in der Wohnung aufhalten kann) eines gut trainierten Hundes liegt bei 4 bis 6 Stunden.

Ihr Hund zerstört Gegenstände in der Wohnung während des Alleinseins

Trainieren Sie bitte, dass der Hund gern in eine Hundebox geht, um sich dort länger aufzuhalten, zuerst nur kurz und bei geöffneter Tür, dann später zunehmend länger bei geschlossener Tür. Lassen Sie den Hund nicht allein, wenn er in der Box ist, bis er sich völlig daran gewöhnt hat, mindestens für eine Stunde drin zu bleiben, wenn jemand zu Hause und im selben Zimmer ist.

Sobald der Zeitpunkt kommt, und Sie den Hund allein zu Hause lassen wollen, ignorieren Sie ihn völlig in den letzten 15 Minuten, bevor Sie die Wohnung verlassen und verabschieden Sie sich nicht von ihm.

Wenn Sie nach Hause kommen, begrüßen Sie den Hund nicht. Stattdessen ignorieren Sie ihn solange, bis er völlig entspannt, d. h. nicht mehr aufgeregt ist. Erst dann dürfen Sie ihn begrüßen.

Gehen Sie zuerst nur für ein paar Minuten weg. Die Länge dieser Abwesenheitsperioden kann dann allmählich gesteigert werden, wenn der Hund daran gewöhnt ist, für einige Minuten alleine in der Wohnung zu bleiben.

Ein längerer Auslauf, bei dem der Hund solange frei laufen und spielen kann, bis er das Interesse daran verloren hat, kann bei Zerstörungsneigungen sehr wichtig sein.

Sie sollten es sich zur Regel machen, dass Sie und nicht der Hund die Zeiten und die Dauer des Kontaktes zwischen Ihnen und dem Hund bestimmen.

Sie sollten es sich auch zur Regel machen, dass der Hund immer einen Befehl befolgen muss, bevor er das bekommt, was er will (d. h. sein Fressen, mit ihm spielen, heraus- und hineingelassen werden etc.).

Der Hund sollte nie das bekommen, was er will, wenn er mit Bellen, Anstarren, Kratzen, Stupsen, Hochspringen, Lecken etc. darum bettelt. In solchen Momenten sollte er völlig ignoriert werden.

Erlauben Sie dem Hund nicht mehr, Ihnen überall hin in der Wohnung zu folgen.

Versuchen Sie besonders konsequent mit dem Hund zu sein, wenn es um das Befolgen von Kommandos und das Einstellen von Fehlverhalten auf Kommando geht.

Alleinsein in der Wohnung – der Hund hat jedoch vorher immer draußen gelebt (z. B. auf einem Bauernhof)

Das Urinieren und Kotabsetzen im Haus muss in jedem Fall verhindert werden, entweder indem der Hund sorgfältig beobachtet und gestört wird, wenn er sich hinhockt um „sein Geschäft zu machen“ oder indem er auf kleinstem Raum in der Nähe seines Schlafplatzes gehalten wird, wo es unwahrscheinlich ist, dass er sich löst, wenn er einmal allein gelassen werden muss.

Erschrecken Sie den Hund, indem Sie laut in die Hände klatschen, wenn Sie ihn dabei ertappen, wie er gerade im Haus uriniert oder Kot absetzt oder sich dazu anschickt. Dies unterbricht sein Verhalten und gibt Ihnen Zeit, ihn nach draußen zu bringen, damit er sein Geschäft dort zu Ende bringen kann.

Gehen Sie mit dem Hund so oft wie möglich hinaus. Achten Sie genau darauf, wann der Hund am Tage urinieren/Kot absetzen muss und planen Sie seine Spaziergänge entsprechend.

Gehen Sie mit dem Hund hinaus, wenn Sie nach Hause kommen, unmittelbar nachdem er gefressen hat, aufgewacht ist, oder wenn Sie beobachten, dass er schnuppert, herumkreist oder Unruhe zeigt, so wie er es tut, kurz bevor er uriniert/Kot absetzt.

Bleiben Sie mit dem Hund solange draußen, bis er uriniert/Kot abgesetzt hat. Loben Sie ihn, sobald er sich hinhockt. Und gleich nachdem er fertig ist, geben Sie ihm einen besonders beliebten Leckerbissen. Geben Sie ihm zu keiner anderen Gelegenheit eine Futterbelohnung.

Bestrafen Sie den Hund nicht, wenn Sie einige Zeit später feststellen, dass er in die Wohnung „gemacht" hat. Wenn Sie ihn nicht auf frischer Tat ertappen, wird er nicht verstehen, wofür er bestraft wird, selbst wenn Sie ihm die Stelle zeigen. Es gibt grundsätzlich nichts, was Sie tun können, wenn Sie das „Malheur" erst später bemerken.

Wenn Sie lange wegbleiben und deshalb annehmen, dass es wahrscheinlich ist, dass der Hund nicht so lange durchhält, legen Sie den Platz, auf den Sie den Hund beschränken, mit Zeitungspapier aus, so dass er wenigstens dies später bevorzugt und nicht Ihre Teppiche, Fliesen etc.

Um es weniger wahrscheinlich zu machen, dass der Hund nachts „muss", geben Sie ihm nach 18 Uhr kein Wasser und füttern Sie ihn nicht mehr am späten Nachmittag. Eine einzige große Mahlzeit am Morgen oder Mittag ist genug.

Bellen beim Alleinsein in der Wohnung

Der Hund sollte niemals das bekommen, was er will (d. h. Fressen, Liebkosungen, Spielen, Aufmerksamkeit, Spaziergang), wenn er bettelt oder belästigendes, aufdringliches, forderndes Verhalten in Form von Bellen, Winseln, Hochspringen, Anstupsen, Belecken, Kratzen etc. zeigt. Er sollte dann einfach ignoriert oder weggeschickt werden, wenn er zu lästig wird.

Sie sollten die Zeiten und die Dauer jedes sozialen und körperlichen Kontaktes mit dem Hund bestimmen. Wenn er zu Ihnen kommt, damit Sie ihm Aufmerksamkeit widmen, mit ihm spielen, ihn streicheln ohne dass Sie ihn gerufen haben, sollte er völlig ignoriert werden. Nachdem er aufgegeben und sich entfernt hat, können Sie ihn rufen und ihn wie gewohnt streicheln und mit ihm spielen.

In 2 bis 3 kurzen täglichen Übungseinheiten sollten Sie die Lieblingsleckerbissen des Hundes dazu benutzen, ihm beizubringen, zu kommen und entweder in seinem Korb oder auf einem kleinen Vorleger (weit entfernt vom Hauseingang) zu sitzen, sich abzulegen und zu bleiben. Für den Fall, dass ein Vorleger benutzt wird, sollte dieser zu Beginn der Übungseinheit hingelegt und am Ende wieder weggeräumt werden.

Außerhalb dieser Übungseinheiten sollte der Hund während der gesamten Dauer der Therapie niemals allein zu Hause gelassen werden.

Ein Kauknochen oder einige der Hundespielsachen sollten vor jeder Übungseinheit immer direkt vor den Korb oder den Vorleger platziert werden. Auch diese Gegenstände sollten nach der Übungseinheit weggeräumt werden. Zu keiner anderen Zeit sollte der Hund Zugang zu Kauknochen oder Spielsachen haben.

Das Bleiben und ruhige Warten im Korb oder auf dem Vorleger wird während der Übungseinheiten mit Streicheln, Lob und Leckerbissen belohnt. Indem mit sehr geringen Anforderungen (d. h. wenigen Sekunden) begonnen und dann langsam gesteigert wird, sollte der Hund dies durchhalten:

- bis zu 3 Minuten, wenn der Besitzer im gleichen Zimmer bleibt,
- bis zu 3 Minuten, wenn der Besitzer das Zimmer häufig verlässt und wieder hereinkommt, wobei die Tür offen bleibt,
- bis zu 3 Minuten, wenn der Besitzer das Zimmer häufig verlässt und wieder hereinkommt, wobei er die Tür jedes Mal hinter sich schließt,
- bis zu 10 Minuten bei geschlossener Tür, wobei der Besitzer jedoch im Haus bleibt,
- bis zu 10 Minuten bei offener Zimmertür, wobei der Besitzer das Haus verlässt.

Die Grundregel besteht darin, den Hund niemals länger allein zu lassen, als er bereits gelernt hat, ruhig und ohne Anzeichen von Beunruhigung aufgrund des Alleingelassenwerdens in seinem Korb oder auf dem Vorleger zu warten. Wenn er den Korb oder den Vorleger verlässt und vor der Tür auf Sie wartet, wenn Sie den Raum wieder betreten oder Zeichen von Beunruhigung zeigt, lassen Sie ihn zu lange allein. In den folgenden Tagen sollten Sie das Training wieder auf kürzere Zeiten der Abwesenheit beschränken.

Die Dauer der Abwesenheit von zu Hause sollte immer so variiert werden, dass der Hund niemals weiß, ob Sie für 5 Sekunden oder 10 Minuten weg sein werden.

Sollte es aus irgendeinem Grund passieren, dass der Hund zu bellen oder heulen beginnt, während Sie sich außerhalb des Zimmers oder des Hauses aufhalten, verhalten Sie sich ruhig und warten Sie einfach so lange ab, bis sich der Hund mindestens drei Minuten still verhalten hat, bevor Sie die Tür öffnen und wieder hineingehen.

Beschimpfen oder bestrafen Sie den Hund nicht in dieser Situation, obwohl Sie die Möglichkeit hätten, ihn während des Bellens zu erwischen.

Hat der Hund erst einmal gelernt, 10 Minuten lang in seinem Korb oder auf dem Vorleger zu bleiben, auch wenn Sie das Haus verlassen, können Sie die Abwesenheiten weiter ausdehnen (d. h. 15 min., 20 min., 30 min., 45 min., 1 Stunde unregelmäßig unterbrochen von viel kürzeren Zeiträumen von 1, 3, 5 oder 10 min.). Von nun an belohnen Sie den Hund bei Ihrer Rückkehr für sein ruhiges Verhalten, egal ob er in seinem Korb oder auf seinem Vorleger geblieben ist oder nicht.

Fortschritte können schneller erzielt werden, wenn Sie dem Hund vor den jeweiligen Übungseinheiten Gelegenheit zu ausgiebiger körperlicher Betätigung geben. Auch nachdem das Problem gelöst ist, sollte der Hund sich immer richtig austoben können, bevor Sie ihn allein lassen.

Geräuschangst

Sie entsteht beim Hund durch eine unzureichende Gewöhnung während der Sozialisationsphase. Werden Hunde erst nach der Sozialisationsphase mit verschiedenen Geräuschen wie zum Beispiel Straßenlärm, Gewitter, Kindergeschrei, Babyweinen und weiterem konfrontiert, reagieren sie oft ängstlich. Es gibt zwar viele Geräusch-CD's auf dem Markt, jedoch keine, welche meinen Ansprüchen Genüge getan hat. Aus diesem Grund habe ich selbst eine in Produktion gegeben. Jeder Züchter sollte schon beginnen, den Hund an verschiedene Geräusche zu gewöhnen. Dies können Sie mit meiner Geräusch-CD zur Desensibilisierung und Geräuschgewöhnung machen.

Abb. 55

Bestellungen bei:
www.dog-training-tübingen.de

Der Hund zerstört Gegenstände

Zerstörung von Gegenständen (Trennungsangst ist ausgeschlossen) von z. B. Toilettenpapierrollen, Zeitschriften, Papiere vom Schreibtisch des Besitzers

Das Problem scheint Folge der Nichtbefriedigung des starken Bedürfnisses des Hundes nach Aktivität zu sein.

Überwachen Sie den Hund während der nächsten Tage und Wochen genau und schimpfen Sie ihn aus oder bestrafen Sie ihn anderweitig, sobald er einen nicht akzeptablen Gegenstand ins Maul nimmt, z. B. durch ein erschreckendes Händeklatschen.

Geben Sie dem Hund einen großzügigen Vorrat an verschiedenen Gegenständen (z. B. Plastikknochen, Kauspielzeug), auf denen er kauen und beißen kann, während er am Tage alleine ist.

Indem Sie diese Gegenstände häufig werfen und z. B. Zieh-Spiele anbieten, versuchen Sie den Hund daran zu gewöhnen, mit diesen zu spielen/auf diesen zu kauen in der Hoffnung, dass er sein Spiel-/Beißverhalten auch auf diese Gegenstände richtet, wenn er allein zu Hause gelassen wird.

Machen Sie es sich zur Regel, den Hund zweimal am Tag an einen Ort zu nehmen (z. B. Hundewiese, ...), wo der Hund mit anderen Hunden frei herumlaufen und spielen kann, so lange bis er müde wird und das Interesse an weiterem Spiel verliert.

Abb. 56 *Endlich zerlegt*

Zerstörerisches Verhalten oder destruktives Verhalten bei Welpen

Gerne zerkauen Welpen Gegenstände im Haus. Dies ist ein natürliches Verhalten. Beschränken Sie in solchen Fällen den Auslauf bzw. schaffen Sie eine welpensichere Wohnung und räumen Sie alles weg, an das der Welpe nicht ran darf. Stellen Sie dem Hund eine Auswahl von Kunststoff- oder Lederkauspielzeugen zur Verfügung, sodass er jederzeit etwas Geeignetes zum Kauen findet.

Ändert sich das zerstörerische Verhalten nach dem Zahnwechsel nicht, so muss überlegt werden, ob der Hund nicht voll ausgelastet ist oder dies eine Form von Trennungsangst darstellt.

Um das Zerkauen von Tisch- und Stuhlbeinen oder Ähnlichem unattraktiv zu machen, können Sie diese mit Pfefferpaste, scharfem Senf, Essigessenz oder einer Myrrhe-Tinktur einreiben. Somit wird das Zerkauen für den Hund sehr unangenehm.

Störungen im Futteraufnahmeverhalten

Appetitlosigkeit (Anorexie)

Oft hat der Hund zuviel zu fressen oder zuviel Leckerli bekommen. Ebenso habe ich erlebt, dass Hunde ständig eine gefüllte Futterschüssel zur freien Verfügung haben.

Ist dies alles auszuschließen und liegen keine depressionsähnlichen Zustände vor (ein Familienmitglied oder Spielkamerad ist weggezogen oder verstorben), so ist der Hund auf eine Erkrankung zu untersuchen (Durchfall, Erkrankung der Bauspeicheldrüse, Verlust des Geruchssinnes …).

Kotfressen (Koprophagie)

Manche Hunde fressen den eigenen Kot, Kot von Menschen oder anderen Tieren. Am besten Abhilfe wird geschaffen, wenn ein Köder mit Pfeffer, Maggi-Hot oder ähnlich Scharfem präpariert wird. Somit verbindet der Hund später Kotfressen mit einem Brennen im Mund.

Es kann jedoch auch sein, dass Ihr Hund nicht ausgewogen ernährt wird. Es ist wichtig, dass Ihr Hund auch vegetarische Kost zu sich nimmt. Überprüfen Sie bitte Ihr Futter. Versuchen Sie doch einfach, Ihrem Hund Pansen in roher oder getrockneter Form anzubieten. Die darin enthaltenen Stoffe können dem Kotfressen eventuell Abhilfe schaffen.

Fettleibigkeit (Adipositas)

Sind klinische Ursachen wie zum Beispiel eine Unterfunktion der Schilddrüse ausgeschlossen, liegt die Ursache allen Übels beim Hundeführer. Leckerli sind an der Menge der täglichen Futterration abzuziehen. Übergewichtigkeit gefährdet wie bei uns Menschen massiv die Gesundheit. Nicht jede angegebene Mengenangabe auf der Futterdose ist auch die richtige. Fragen Sie bei Ihrem Tierarzt nach.

Aufnehmen von Steinen und anderen Gegenständen (Pica)

Oftmals ist das Aufnehmen und Kauen auf Steinen in der Zeit des Zahnwechsels bemerkbar. Sollte der Hund damit nicht aufhören, ist es ratsam, die Gegenstände ebenfalls mit „Scharfem“ zu präparieren. Das ständige Kauen auf Steinen wird sonst leider den Zahnschmelz und dann die Zähne schädigen!

Abneigung gegenüber bestimmtem Futter

Dies tritt oft dann auf, wenn der Hund das Futter mit z. B. Erbrechen in Verbindung bringt. Vielleicht hat er in der Vergangenheit einmal verdorbenes Fressen oder sein Futter mit einem Medikament erhalten und anschließend brechen müssen. Wechseln Sie dann am einfachsten das Futter.

Hunden, welche zu Hause nicht vom Wassernapf trinken, jedoch im Freien in jeder Regenwasserpfütze Wasser aufnehmen, können Sie ein wenig Fleischbrühe in den Wassernapf mischen.

Hunden, welche ihre Nahrung nicht fressen wollen, sollte der Futternapf weggenommen werden, sofern nicht nach spätestens 1 Minute nach der Futtergabe mit dem Fressen begonnen wurde. In diesem Fall soll dem Hund vor der nächsten Fütterungszeit keine Mahlzeit, Snacks oder Leckerchen gereicht werden. Oft hilft es auch, die Futtermenge um 10 bis 30% zu reduzieren.

Probleme im Sexualverhalten

Oft richtet sich das unerwünschte Sexualverhalten gegen die Beine und Arme von Menschen oder gegen Handtücher, Kissen, Stofftiere und Ähnliches. Die Ursache liegt hierbei in der Hypersexualität oder in einer Fehlprägung bzw. dem Mangel am Ausleben des Triebes.

Das Aufreiten tritt nicht nur bei Rüden sondern auch bei Hündinnen auf und kann sogar durch zu intensives Streicheln oder Bürsten ausgelöst werden. Bei Welpen wird dieses Verhalten meist gegen Kinder gerichtet. Es ist davon auszugehen, dass es sich dabei um spielerisches Sexualverhalten handelt.

Durch den Einsatz von Schimpfen oder Wegschieben ist das Problem schnell behoben. Bei erwachsenen Hunden, welche Menschen bespringen wollen, ist dies ein Anzeichen, dass der Hund in der Jugend zu früh vom Wurf getrennt wurde und dabei zu wenig Sozialkontakte hatte. Ein weiterer Grund für die Handlung ist eine Übersprungshandlung, die durch sexuelle Erregung oder einen Konflikt ausgelöst wurde. Das Aufreiten kann sich zu einem Verhalten entwickeln, bei dem der Hund versucht, Aufmerksamkeit zu erhaschen. Ihr Hund ist in der Situation konsequent durch Schimpfen und Wegschieben zu strafen. In manchen Fällen ist auch eine Hormontherapie bzw. die Kastration die Lösung des Problems.

Dieses Aufreiten ist nicht mit dem Aufreiten von Hunden untereinander zu verwechseln. Dies ist nicht nur das Ausleben des Sexualtriebes, sondern ein Dominanzzeichen.

Probleme im mütterlichen Verhalten

Scheinträchtigkeit

Wird eine Hündin während der Läufigkeit nicht gedeckt, so treten trotzdem hormonelle Funktionen in Kraft. Die nicht gedeckte Hündin kann scheinträchtig werden. Oftmals entwickelt die Hündin ein Verhalten (Pseudoträchtigkeit), welches das Verhalten einer säugenden Hündin zeigt – sie trägt Stofftiere und andere Objekte wie Welpen herum. Die Behandlung erfolgt medikamentös.

Kannibalismus

Mütterliche Unreife, Geburtsschmerz oder fehlende mütterliche Erfahrung können Ursache für das Töten und Fressen der Welpen sein. In der freien Wildbahn haben Hündinnen ihre Welpen, vor allem kranke und lebensschwache, getötet, wenn die Umweltbedingungen wie Futter und Lebensraum nicht für die Wurfgröße ausreichten.

Mütterliche Gleichgültigkeit

Manche Hundemütter vernachlässigen ihre Welpen. Dies ist oft auf hormonelle Störungen und fehlende Mutterinstinkte zurückzuführen.

Streunen und Ausbrechen

Streunen bietet dem Hund die Gelegenheit, andere Artgenossen kennenzulernen und Abenteuer zu erleben. In der Nachbarschaft kann eine läufige Hündin Ursache für das Ausbrechen sein. Streunen tritt daher bei Rüden häufiger auf.

Die Ausreißer kehren in der Regel zurück, werden jedoch öfter an einer Rückkehr gehindert (er wird eingefangen und in ein Tierheim gebracht, findet neue Spielkameraden oder einen Sexualpartner oder wird sogar durch andere Menschen einfach adoptiert).

Erfolgt das Ausbrechen und Streunen aufgrund des Sexualverhaltens, so kann eine Kastration, zu 90% erfolgreich Abhilfe schaffen. Sie können dies durch eine hormonelle Maßnahme vorher mit Ihrem Tierarzt abklären. Ebenso kann durch mehr Bindung zu Ihnen das Problem verbessert werden.

Abb. 57 *Bald hab' ich es geschafft – dann aber nichts wie weg*

Wenn nichts hilft, dann ist das Hundezuhause ausbruchsicher zu machen. „Alcatraz lässt grüßen“ – denn der Zaun sollte mindestens 2 Meter hoch, oben abgeschrägt und ins Erdreich eingegraben sein.

Unkontrollierbarkeit beim Spaziergang

Das am häufigsten auftretende Problem stellt das Ignorieren des Rückrufs dar, weil der Hund gerade mit anderen spannenden Aktivitäten beschäftigt ist. Ebenso zählt das Anspringen von Personen sowie das Nichteinstellen von Fehlverhalten wie z. B. dem Buddeln, Jagen, an der Leine Zerren und vieles mehr dazu. Ein gutes Gehorsamstraining zeigt auch bei all diesen Dingen wahre Wunder. Versuchen Sie sich immer für den Hund interessant zu halten und unterbinden Sie sofort unerwünschte Handlungen. Ein immer wiederkehrendes Spiel beim Spaziergang wirkt oft wahre Wunder.

Anspringen von Personen

So sehr sich auch Herrchen und Frauchen freuen, wenn sie von ihrem Hündchen freudig begrüßt und angesprungen werden, so sehr kann dies auch anderen Personen oder in anderen Situationen lästig sein. Stellen Sie sich vor, Ihr Chef besucht Sie und Ihr Hund bespringt mit dreckigen Pfoten die Gattin Ihres Chefs und beschmutzt oder demoliert deren Kleid. Ich denke, der Abend ist gelaufen. Ebenso wird ein Kleinkind schnell umfallen und sich weh tun, wenn es von einem großen Hund angesprungen wird.

Hierfür gibt es einige erfolgreiche Trainingsmöglichkeiten:

- Den Hund solange ignorieren, bis er sich selbstständig nach erfolglosem Anspringen vor Sie hinsetzt – dann belohnen.
- Sich abrupt um mindestens 90 Grad vom Hund wegdrehen, dabei auf die Zehen stellen.
- Die Respektlosigkeit des Hundes erwidern Sie bitte und statt sich von ihm nach hinten drängen zu lassen, gehen Sie nach vorne auf den anspringenden Hund zu.
- Sie können den Hund auch kommentarlos mit einer Wasserpistole oder einer Blumensprühflasche mit Wasser in das Gesicht spritzen. Somit merkt der Hund, dass sein Verhalten eine negative Konsequenz mit sich bringt.

Abb. 58

Toll geübt

Das spätere Ziel ist es, den Hund in der sogenannten „Grundstellung“ während der Begrüßung und vielleicht sogar während eines Gespräches sitzen zu lassen.

In die Leine beißen oder daran zerren

Am besten bleiben Sie stehen und ignorieren Ihren Liebling so lange, bis er wieder ein normales Verhalten zeigt. Dies kann zwar am Anfang ein Geduldsspiel werden, ist aber dann effektiv, wenn Sie regungs- und sprachlos Ihren Hund nicht beachten. Sobald er dann wieder „normal“ ist, dürfen Sie ihn loben.

Bei hartnäckigen Hunden können Sie die Leine durchaus mit etwas „Scharfem“ einreiben. Wenn der Hund dann reinbeißt, fangen Sie bitte an, ihn zu bedauern, um das negative Gefühl des Hundes zu bestärken.

Aufmerksamkeitsforderndes Verhalten

Oft handelt es sich hierbei um unbeabsichtigtes, unbewusstes, antrainiertes Verhalten.

Anbei einige Beispiele dazu:

- Frisst der Hund beispielsweise sein Futter nicht, wendet sich das Herrchen bzw. Frauchen oft vermehrt dem Hund zu und redet sogar oft beruhigend auf den Hund ein. Das „Nichtfressen“ erhält also einen belohnenden Charakter.
- Der Hund zeigt Gewitterangst und wird gestreichelt. Wenn nun der Hund auf das Sofa oder mit in das Bett genommen wird, zeigt dies dem Hund, dass sein Angstverhalten angenehme Folgen hat.

Des Weiteren gibt es Hunde, welche Verletzungen simulieren. Meine Hündin Roma hat sich als Welpe beim Klettern über Baumstämme den Vorderfuß angeschlagen. Nachdem ich sie recht bemuttert habe, zeigte sie ihr Hinken immer wieder. Auf die Schliche kam ich ihr, da sie einmal rechts und dann auf einmal links gehinkt hatte.

Abhilfe schafft in allen Fällen das Vorenthalten der in den Beispielen genannten Belohnungen.

Betteln, Forderung nach Streicheleinheiten, Spiel ...

Meist ist dieses Problem nur schwach ausgeprägt, dennoch gibt es Hunde, bei denen das einfordernde Verhalten außer Kontrolle geraten kann.

Hunde bellen, kratzen, winseln, stupsen einen an, springen hoch und zwicken sogar ihren Menschen, um etwas Bestimmtes zu erhalten. Die Lösung dieses Problems heißt sofortiges Ignorieren.

Zu Beginn wird der Hund sicherlich versuchen, seine Forderung noch verstärkter durchzusetzen. Bleiben Sie eisern! Jegliches andere Verhalten wäre in diesen Situationen kontraproduktiv und verstärkt somit das Tun des Hundes.

Betteln

Betteln ist die lästige Angewohnheit, laut zu bellen und die Arme und Beine von Menschen mit der Schnauze oder der Pfote anzustoßen, bis sie schließlich nachgeben und den Hund vom Tisch füttern.

Machen Sie es sich zur festen Familienregel, dem Hund nie mehr das zu geben, was er will, wenn er auf irgendeine Weise bettelt oder aufdringlich ist. Ignorieren Sie ihn jedes Mal völlig, wenn er anfängt zu betteln oder aufdringlich zu werden, solange bis er aufgibt, auch wenn dies mehrere Minuten dauert.

Wenn der Hund so aufdringlich und fordernd wird (z. B. durch immer lauteres Bellen), dass es unmöglich ist, ihn zu ignorieren, stehen Sie entweder auf und verlassen Sie den Raum oder schimpfen Sie alternativ so kräftig, dass der Hund sofort das unerwünschte Verhalten einstellt.

Während der ersten beiden Tage wird der Hund auf die Nichtbeachtung wahrscheinlich mit verstärktem Betteln und Aufdringlichkeit reagieren. Das ist ganz normal. Seine übliche Strategie zeigt keine Wirkung, also verstärkt er seine Bemühungen. Aber früher oder später wird er aufgeben, wenn Sie hartnäckig genug bleiben und ihm das verweigern, was er will.

Damit diese Methode funktioniert, müssen Sie hundertprozentig konsequent sein. Schwach zu werden und dem Hund gelegentlich nachzugeben, macht das Problem schlimmer und nicht besser.

Seien Sie auf die Tatsache vorbereitet, dass der Hund nicht einfach damit aufhören wird, zu betteln oder aufdringlich zu sein: Den einen Tag wird er aufhören, es dann wieder ein paar Mal versuchen, wieder aufgeben, es ein paar Tage später erneut versuchen etc.

Stereotypien/Zwangsverhalten

Mit dem Begriff Stereotypie wird ein Verhalten benannt, das in gleichbleibender Abfolge viele Male hintereinander ausgeführt wird, ohne dass eine Veranlassung dafür erkennbar ist oder das Verhalten einem bestimmten Zweck dient.

Beispiele hierfür sind: Belecken von Pfoten (bis zum Wund sein), Schwanzjagen, Kreiseln, an die Wand springen (vor allem bei Zwingerhaltung), Bellen, Graben, Buddeln, Jagen, Jagen von Schatten, Kot- und Unratfressen ...

Stereotypien sind anfangs noch umkehrbar, sie können also verschwinden, wenn sich zum Beispiel die Lebensbedingungen für das betroffene Tier deutlich verbessern. Nach einer Weile, oft schon nach vier bis sechs Wochen, ist diese Umkehr nicht mehr möglich.

Stereotypien entwickeln sich ebenso in Konfliktsituationen, in denen der Hund hoch motiviert ein bestimmtes Verhalten zeigen möchte, daran aber gehindert wird. Zum Teil handelt es sich auch um Übersprungshandlungen, die der Hund zur Überbrückung in einer Stresssituation zeigt. Dieses Verhalten führt zunächst dazu, dass der akute Stress gemildert wird und der Hund sich besser fühlt. Zeigt er dieselbe Verhaltensweise immer und immer wieder, führt dies im Gehirn zu einer Ausschüttung von Botenstoffen, die wie ein Beruhigungsmittel wirken – dadurch wird die Stereotypie zur Sucht.

Irgendwann ist der Punkt erreicht, an dem der Hund nicht mehr in der Lage ist, das Verhalten zu unterbrechen. Gesundheitliche Schäden sind dann auf Dauer unvermeidbar.

Eine Verstärkung des Verhaltens entsteht auch oft dadurch, dass es dem Hund gelingt, so die Aufmerksamkeit der Besitzer auf sich zu ziehen. Dadurch wird das Verhalten belohnt, es bekommt eine Aufmerksamkeit heischende Komponente.

Selbstzerstörung

Unter Selbstzerstörung versteht man, dass der Hund z. B. seine eigene Rute häufig so heftig angreift und beißt, dass er medizinisch versorgt werden muss.

Beobachten Sie den Hund in den nächsten Tagen und Wochen genau, und lenken Sie ihn jedes Mal ab (mit einem mäßig erschreckenden Geräusch), wenn er anfängt, sich besonders für seine Rute zu interessieren. Danach rufen Sie ihn und belohnen ihn sofort mit Streicheln, Lob und insbesondere Leckerbissen, dafür, dass er auf Kommando kommt, sitzt, sich ablegt und bleibt. In anderen Situationen als dieser geben Sie dem Hund keine Leckerbissen.

Machen Sie es sich zur Regel, während der nächsten zwei Wochen den Hund zweimal am Tag an einen Platz zu bringen (z. B. in eine Parkanlage), wo er laufen und mit anderen Hunden spielen kann, bis er müde wird und das Interesse an weiterem Spiel verliert.

Versorgen Sie den Hund mit einem Vorrat an Gegenständen (z. B. Plastik-Knochen, Kauspielzeuge aus Rohleder etc.) zum Kauen und Spielen während des Tages.

Wenn sich das Problem trotz Anwendung der oben angeführten Maßnahmen im Laufe der nächsten zwei Wochen in keiner Weise verbessert, muss das Problem mit Hilfe einer medikamentösen Therapie behandelt werden.

Unerwünschtes Bellen

Ständiges Bellen

Die Ursachen für gesteigertes Winseln, Bellen oder Heulen liegt meist in Aggression oder Angst. Ebenso ist das Bellen ein Mittel, um Aufmerksamkeit einzufordern. Trennungsangst oder in einer Reizreaktion z. B. an der Haustüre vorbeigehende Menschen lösen ebenfalls Bellen aus. Des Weiteren kann das ständige Bellen Frustration, Unauslastung, Verhaltensübertragung, fehlender Kontakt zu Artgenossen oder Stress als Ursache haben.

Abb. 59 *Wau-wau*

Dieses unerwünschte Bellen soll auf jeden Fall sofort kräftig getadelt werden, damit der Hund dies sofort einstellt. Sollte Ihr Schimpfen ohne Wirkung bleiben, ist mehr Autorität einzusetzen (z. B. laut in die Hände klatschen, sodass der Hund erschrickt). Ist der Hund dann ruhig, sollten Sie ihn sofort belohnen. Ebenso belohnenswert ist jede Situation, in welcher Ihr Hund bisher gebellt hat und nun ruhig bleibt.

Die Lösung des Problems mindert auf keinen Fall den Wert des Hundes als Beschützer und Wachhund. Eine Korrektur des ständigen Bellens bringt keine unerwünschte Nebenwirkung.

Übermäßiges Bellen bei Geräuschen außerhalb der eigenen Wohnung

Das Bellen sollte so kräftig getadelt werden, dass es jedes Mal sofort eingestellt wird. Möglich wäre auch, dem Hund ein- oder zweimaliges Bellen zu erlauben und ihn dann auszuschimpfen, wenn er nicht **sofort** damit aufhört, wenn er nachdrücklich dazu aufgefordert wird.

Wenn der Hund Ihr Schimpfen einfach ignoriert, müssen Sie mehr Autorität einsetzen oder einen anderen Weg finden, das Benehmen wirkungsvoll zu unterbinden (d. h. ein plötzliches lautes Geräusch, das den Hund erschrickt oder leicht beängstigt).

Ruhiges Verhalten in potentiellen Problemsituationen, bei denen der Hund beispielsweise draußen ein Geräusch hört, jedoch nicht bellt, oder mit dem Bellen aufhört, wenn man ihn nachdrücklich dazu auffordert, sollte immer mit Streicheln, Lob und vor allem mit Leckerbissen belohnt werden. Geben Sie dem Hund bei keiner anderen Gelegenheit Leckerbissen.

Wenn man dies konsequent über mehrere Wochen anwendet, kann es auch wirkungsvoll sein, den Hund abzulenken, sobald er draußen Lärm hört, jedoch **bevor** er mit dem Bellen anfängt, indem man irgendein Geräusch macht und den Hund dann für ein Alternativverhalten belohnt (z. B. auf Kommando kommen, sitzen etc.).

Vermeiden Sie es, den Hund dadurch unabsichtlich zu belohnen, dass Sie beispielsweise versuchen, ihn zu beruhigen, wenn er anfängt zu bellen, indem Sie ihn streicheln, mit ihm sprechen oder ihn mit Dingen, die ihm gefallen (Spielsachen, Spiel, Futter) ablenken. Obwohl dieses Verhalten den Hund zeitweilig dazu bringt, sich zu beruhigen, belohnen Sie das Bellen und erziehen den Hund dazu, in Zukunft eher noch mehr zu bellen.

Unkontrolliertes Bellen

Die Angewohnheit, Passanten oder andere Hunde auf der Straße unkontrollierbar anzubellen.

Der Hund sollte nie das bekommen, was er will, wenn er mit Bellen, Anstarren, Kratzen, Stupsen, Hochspringen, Lecken etc. darum bettelt. Er sollte in solchen Momenten völlig ignoriert werden.

Das Anbellen von Fremden oder anderen Hunden, sowohl auf der Straße als auch in der Wohnung, muss mit 100%iger Konsequenz immer mit so viel Nachdruck getadelt oder bestraft werden, dass der Hund sofort und jedes Mal damit aufhört. Geschimpft werden sollte sofort bei Beginn des Bellens.

Vermeiden Sie, den Hund unabsichtlich für sein Fehlverhalten zu belohnen. Versuchen Sie ihn nie mit Streicheln, Ansprechen, Ablenken etc. zu beruhigen.

Generell ist eine Kastration zu erwägen.

Ein weiterer Schritt ist eventuell eine konsequente Umstellung auf Handfütterung.

Nur durch die 100%ig konsequente Anwendung dieser Empfehlungen können Sie das Problem beseitigen. Um namhafte Fortschritte in diese Richtung zu machen, müssen Sie grundsätzlich hartnäckiger sein als der Hund. In solchen Situationen müssen Sie das letzte Wort haben und nicht der Hund.

Probleme mit dem Ausscheidungsverhalten

Grund dafür ist bei Welpen und vielen „Auslandshunden“ die mangelnde Stubenreinheit. Ebenso kann Trennungsangst, übermäßiges Markierverhalten, unterwürfiges Urinieren oder erregungsbedingtes Urinieren für das Problem ausschlaggebend sein. Mitunter sind auch Krankheitszustände (Inkontinenz) oder unzureichende Versorgungs- bzw. Haltungsbedingungen die Auslöser für das Verlieren der Stubenreinheit.

Unterwürfiges Urinieren bei Begrüßung von Familienmitgliedern

Immer wenn der Hund uriniert, sollte er völlig ignoriert werden; d.h. kein Schimpfen und keine positiven Formen der Aufmerksamkeit, wie mit dem Hund sprechen oder ihn streicheln, die das Verhalten belohnen könnten.

Hören Sie auf, den Hund kräftig auszuschimpfen oder ihn auf andere Weise zu bestrafen, wenn er uriniert oder ein anderes Problemverhalten zeigt. Benutzen Sie stattdessen zur Problembehebung Methoden, die auf Belohnung basieren.

Begrüßen Sie vorläufig den Hund nicht, wenn Sie nach Hause kommen (d.h. schauen Sie ihn nicht an, streicheln Sie ihn nicht, sprechen Sie nicht mit ihm), sondern erst, wenn er sich völlig beruhigt hat. Und wenn Sie schließlich anfangen, sich mit dem Hund zu beschäftigen, tun Sie dies auf eine ruhige, leise Art – und ohne den Hund dabei anzusehen.

Erregungsbedingtes Urinieren

Es handelt sich dabei um unwillkürliches Urinieren als Folge von Erregung, wenn er seinen Besitzer bei dessen Rückkehr von der Arbeit begrüßte sowie beim Apportieren und bei Ziehspielen.

Dieses Problem ist bei jungen Hunden verbreitet und verschwindet meist von selbst, wenn der Hund älter wird.

Da der Urin unwillkürlich abgeht, kann man dem Hund dieses Verhalten nicht dadurch abgewöhnen, dass man ihn ausschimpft oder anderweitig bestraft.

Der Schlüssel zur Problemlösung liegt darin, konsequent alles zu unterlassen, was den Hund stark erregen könnte, z.B. seine Begrüßung zu überschwänglich zu erwidern, weiterhin mit ihm zu spielen, wenn er Zeichen von Übererregung zeigt, Spiele mit dem Hund zu spielen, die ihn besonders erregen etc.

Auch könnte es helfen, den Hund am Tag nicht so lange allein zu lassen. Wenn Sie es arrangieren könnten, dass jemand aus der Nachbarschaft einen Mittagsspaziergang mit dem Hund macht, könnte dies helfen, seine spätere Erregung bei der Begrüßung in Grenzen zu halten – und, was noch wichtiger ist, dafür sorgen, dass seine Blase dann nicht so stark gefüllt ist.

Markieren von Tischbeinen, Ecken von Holzvitrinen, Schränken und Türeinfassungen abtrainieren

Reinigen Sie die markierten Stellen sorgfältig, weil der verbleibende Geruch sonst weiteres Markieren hervorruft. Benutzen Sie dabei keine Reinigungsprodukte, die Ammoniak enthalten, weil dies in der chemischen Zusammensetzung dem Urin ähnlich ist.

Der Hund sollte ausgeschimpft oder anderweitig bestraft werden (d.h. durch ein plötzliches lautes Geräusch), wenn er beim Markieren im Haus ertappt wird. Die Bestrafung sollte wirksam genug sein, um das Verhalten sofort zu unterbinden.

Bestrafen Sie den Hund nicht, wenn Sie einige Zeit später entdecken, dass er markiert hat. Dies ist eine völlig ungeeignete Methode, das Problem zu lösen, weil der Hund die Strafe nicht mit dem Urinieren in Verbindung bringen kann.

Die Chancen stehen ungefähr 50 zu 50, dass eine Kastration helfen wird, das Problem zu verringern oder ganz zu beseitigen.

Stress

Eine Stressreaktion wird durch große körperliche Anstrengungen, durch Erkrankungen, chirurgische Eingriffe, Angst und Furcht sowie durch Schmerz hervorgerufen. Ebenso können traumatische Erlebnisse oder auch ungünstige Umweltbedingungen, z. B. Lärm und andere psychosoziale Belastungen, Stress verursachen. Langfristige Folgen einer dauerhaften Stressbelastung können Symptome wie körperliche Unruhe, Abmagerung, Nervosität und Überempfindlichkeit sein. Die Hunde setzen außergewöhnlich häufig Kot und Urin ab und sind anfällig für Erbrechen und Durchfall. Viele Tiere entwickeln aufgrund der gestörten Funktionen des Immunsystems Allergien, die mit Juckreiz, Fellverlust und Schuppenbildung einhergehen. Auch die Lern- und Konzentrationsfähigkeit wird nachteilig beeinflusst.

Stressauslösende Faktoren

- Bedrohungen durch Menschen oder durch andere Tiere
- Gewalt, Wut, Aggressionen in der Umgebung
- Ständiger Leinenruck; zu straffe oder zu kurze Leine
- Mentale oder körperliche Über- oder Unterforderung, körperliche Belastung
- Hunger oder Durst
- Sich nicht lösen zu dürfen (Kot, Urin)
- Kälte (frieren) oder Wärme (schwitzen)
- Erkrankungen oder Schmerzen
- Lärm (Straßenlärm, Kindergeschrei …)
- Einsamkeit und Langeweile
- Schockartig auftretende Ereignisse
- Plötzliche Veränderungen oder häufige Wohnortwechsel

- Besitzerwechsel oder Verlust eines Sozialpartners
- Schlafmangel
- Hormonell bedingte Probleme (Scheinträchtigkeit ...)
- Autofahrten, Tierarztbesuche
- Frusterlebnisse (ungeeigneter Übungsaufbau)

Hunde, die häufig gestresst sind und einen stets hohen Stresspegel haben, bekommen physische und psychische Probleme. Hat der Hund Dauerstress, wird er daraus resultierend dauerhaft krank. Stress in jeder Form ist für den Hund wie für uns Menschen belastend und sollte daher nach Möglichkeit vermieden werden bzw. durch geeignete Maßnahmen abgeschwächt werden. Vergessen Sie nicht, dass Hunde durchschnittlich 12 bis 17 Stunden am Tag ruhen können bzw. sollten.

Woran erkennen Sie, ob Ihr Hund gestresst ist?

- Rast- und Ruhelosigkeit
- Überreaktion auf Ereignisse
- Einsatz von Beschwichtigungssignalen
- Übertriebene Körperpflege (ständiges Lecken oder Kratzen)
- Dinge zerbeißen, bellen, jaulen, winseln, heulen
- Durchfall, Erbrechen, Appetitlosigkeit
- Abwesend wirken
- Unangenehmer Körpergeruch, Mundgeruch
- Verhärtete Muskeln
- Sich ständig schütteln
- Veränderung der Augenfarbe
- Dem eigenen Schwanz hinterherjagen
- Stumpfes Fell, Schuppen, Haarausfall
- Allergien und/oder andere Hautprobleme
- Hecheln oder Zittern
- Schlechte Konzentration
- Häufigeres Urinieren
- Übersprungshandlungen
- Fixierung auf bestimmte Dinge (Lichtblitze, Fliegen etc.)
- Nervöses Verhalten oder aggressives Verhalten

Alle genannten Anzeichen können jedoch auch Krankheitssymptome sein. Stellen Sie daher Ihren Liebling auch Ihrem Tierarzt vor. Hyperaktivität/Übererregbarkeit können Zeichen von organischen Erkrankungen sein.

Dominanzprobleme

Das Wort Dominanz beschreibt nicht das Wesen eines einzelnen Tieres, sondern das Verhältnis zweier Lebewesen zueinander. Dominanz ist nicht angeboren, sondern wird erworben.

Sogenannte Dominanzprobleme treten vor allem gegenüber Familienmitgliedern oder Hunden im selben Haushalt auf. Das Bestreben, eine möglichst hohe Position im Rudel einzunehmen, ist teilweise angeboren, tritt aber je nach Hund und Haltungsbedingungen unterschiedlich stark auf. Auch der hormonelle Zustand spielt eine Rolle. Viele Tiere verhalten sich besonders während oder nach der Pubertät problematisch und bei Hündinnen können zyklusabhängige Verhaltensänderungen auftreten.

Dominanz in vernünftigem Rahmen ist kein Problem, denn es ist ja nur gut, wenn wir einen selbstsicheren, wesensfesten Hund an unserer Seite haben. Echtes Dominanzverhalten wird nur gegenüber Rudelmitgliedern gezeigt. Ein Hund, der versucht, sich gegenüber seinen Gruppenmitgliedern eine günstigere Position zu verschaffen, sieht diese sicher nicht als Beute, sondern eher als Konkurrenten.

In vielen Fällen, in denen Hunde sogenannte Dominanzprobleme entwickeln, haben sie durch den Umgang mit dem Menschen gelernt, wie sie diesen am besten dominieren oder manipulieren können. Es gibt Hunde, die mehr oder weniger offen ihre hohe Rangposition behaupten und beispielweise versuchen, auf dem Rangordnungstreppchen immer eine Stufe höher als der Mensch zu stehen. Ein Hund, der gelernt hat, dass er seinen Kauknochen behalten kann, wenn er seinen Besitzer anknurrt, wird dieses Verhalten beibehalten, da es für ihn vorteilhaft ist. Dieser Besitzer erkennt augenscheinlich schnell, dass er ein Problem hat. Es gibt jedoch auch Hunde, die sich niemals offen mit ihrem Besitzer auseinandersetzen, diesen aber dennoch manipulieren. Sie haben Verhaltensweisen gelernt („Dackelblick“), mit denen sie an Leckerlis, Zuwendungen oder Streicheleinheiten kommen.

Probleme in der Rangordnung

Ranghoch ist immer derjenige, der alles haben und tun darf. Ein Hund, der immer wieder die Erfahrung macht, dass alles seinem Menschen gehört und man diese Dinge erst erhält, wenn man tut, was Frauchen oder Herrchen wollen, erlebt automatisch eine Rangeinweisung – er lernt, dass es sich lohnt, auf seinen Menschen zu achten und dessen Wünsche zu befolgen.

In vielen Fällen, in denen der Hund nicht gut unter seinem Menschen eingeordnet ist, weist der Besitzer keine entsprechenden Führungsqualitäten auf. Dies beginnt oft schon mit der Einstellung dem Hund gegenüber.

Viele Besitzer haben zunächst natürlich keine Angst vor ihrem Hund, sind aber dennoch besorgt, dass er nicht das tun könnte, was sie möchten. So hat für viele Menschen die Leine in erster Linie den Zweck, den Hund davon abzuhalten, wegzulaufen. Dies beginnt oft schon beim Welpen. Warum aber sollte ein Welpe weglaufen? Ohne die Sicherheit seines Rudels ist er verloren und er wird vor allem anfangs immer versuchen, den Kontakt zu seinem Menschen nicht zu verlieren.

Dies kann man fördern, indem man dafür sorgt, dass der Hund die spannendsten Dinge nur mit seinem Besitzer gemeinsam erlebt. Strahlt der Mensch eine natürliche Souveränität aus, ist es meist nicht nötig, die Rangordnung durch zusätzliche Übungen zu etablieren. Dort, wo dies nicht der Fall ist, kann die Position des Menschen natürlich durch praktische Übungen gefestigt werden.

Dort, wo massive Probleme bestehen, sollten diese Übungen nicht ohne Rücksprache mit einem professionellen Hundetrainer durchgeführt werden:

- Aktionen gehen nur noch vom Menschen aus (wir bestimmen wann und wo!).
- Kommunikationsversuche des Hundes werden ignoriert.
- Das Markierungsverhalten wird eingeschränkt.
- Der Hund darf nicht auf Möbeln liegen.
- Der Hund wird erst gefüttert, wenn sein Mensch gegessen hat.
- Durch Türen geht der Mensch vor dem Hund.
- Tägliches Bürsten mit Körperkontrolle.
- Der Hund soll aus dem Weg gehen, wenn der Mensch von A nach B geht.

Hunde müssen zwingend in einer Gemeinschaft leben. Sie brauchen eine soziale Gruppe. Zum Überleben brauchen natürlich alle Mitglieder des Rudels die lebensnotwendigen Ressourcen. So hat jedes Tier ein entsprechendes Interesse daran, Futter und gute Lagerplätze in Besitz zu nehmen. Der Zugang zu den vorhanden Gütern wird daher durch die Rangordnung geregelt.

Jeder Rudelchef genießt nicht nur Rechte und Privilegien, sondern hat auch Pflichten, die aus seiner Verantwortung dem Rudel gegenüber entstehen. Er wird von den übrigen Rudelmitgliedern nicht aus Angst vor seiner Größe und Stärke respektiert, sondern vor allem deshalb, weil er durch seine Fähigkeiten und Erfahrungen einen entscheidenden Beitrag zur Ernährung und zum Schutz des Rudels leistet.

Jagen und das Antijagdtraining

Selten kann einer unserer Vierbeiner beim Anblick von Rehen, Kaninchen, Katzen oder Eichhörnchen widerstehen, diesen hinterher zu jagen. Einige drehen nach wenigen Sekunden ab und kehren um, andere nutzen die willkommene Abwechslung und sind Minuten bis Stunden oder sogar Tage weg. Jagen, auch auf Radfahrer, Autos, Motorräder und Jogger, ist immer selbstbelohnend. Beim Jagen werden Glückshormone ausgeschüttet – ein sehr angenehmer Zustand, den der Hund bei nächster Gelegenheit natürlich wieder erlangen möchte.

Nachfolgende Handlungsmöglichkeiten werden Ihnen bei dem „Nicht-Jagen" behilflich sein:

1. **Blickkontakt:** Mit jedem Blick zu Ihnen, ist Ihr Hund gedanklich bei Ihnen. Wenn Ihr Hund 200 Meter mit Ihnen läuft ohne nach Ihnen zu schauen, dann hat er 200 Meter nicht einmal an Sie gedacht. Belohnen Sie also Ihren Hund dafür, wenn er Sie anschaut.
2. **Sie werden Nabel der Welt:** Sie verfügen über wichtige Ressourcen, wie Futter, Wasser, Sozialkontakt, Sicherheit, Spielzeug und die Leine zur Kontrolle. Lassen Sie Ihren Hund etwas für Sie tun, bevor er sein Vergnügen hat. Zum Beispiel können Sie vor dem Spielen erst einmal ein wenig Gehorsamsübungen machen. Schon das Graben nach Mäusen oder Maulwürfen ist Jagd und sollte durch das „sich als Hundeführer Wichtig machen" abgebrochen werden.
3. **Einhalten der Sozialdistanz:** Leider ist es nicht für jeden Hund selbstverständlich, dass er nach dem Ableinen in der Nähe seines Besitzers bleibt (ca. 7 bis 10 Meter). Hilfreich ist das Arbeiten mit der Schleppleine. Dies hindert den Hund am selbstbelohnenden Jagen dauerhaft dann, wenn Sie, bevor die Leine zu Ende ist und der Hund hinein rennt, ein Stoppsignal einbauen.

4. **Verbesserung des Rückrufes:** Hunde lernen orts- und situationsbezogen. Daher ist es wichtig, das Herankommen immer wieder in unterschiedlichen Umgebungen zu üben.
5. **Körperliche und mentale Auslastung:** Viele Hunde jagen aus Langeweile. Hier werden dem Hund Ausflüge in neue Gebiete, Radtouren, Ausritte oder Such- und Schnüffelspiele sowie Erziehungsübungen helfen, sich physisch und mental auszulasten und zu verausgaben. Jedes Lebewesen, welches ausgelastet ist, kommt selten auf dumme Gedanken.
6. **Einen Zauberruf entwickeln:** Wenn Ihr Hund gerne spielt, dann können Sie einen Zauberruf für alle Notfall-Situationen trainieren. Hierzu zählen z.B. „Balliiii" dem Spiel mit dem Lieblingsspielzeug. Ihr Hund lernt: Immer wenn Sie „Balliiii" rufen, dann erwartet ihn sofort sein Lieblingsspielzeug.
7. **Aufregung reduzieren:** stark aufgeregte Hunde lernen im Moment der Aufregung oder Erregung meist gar nichts.

Wenn Ihr Hund z.B. bei dem Anblick einer Katze aufgeregt ist, dann bleiben Sie bitte so lange passiv stehen, bis der Hund sich von selbst abgeregt hat. Gehen Sie erst dann weiter, wenn der Hund sich wieder beruhigt.

Wenn Ihr Hund gerne Spielzeug apportiert, dann halten Sie dies für aufregende Situationen zum Apportieren bereit.

16 Die Sexualität des Hundes

Die Pubertät

Der Eintritt der Geschlechtsreife wird beim weiblichen Hund durch die erste Läufigkeit gekennzeichnet, die im Alter von 7 bis 18 Monaten auftritt. Hündinnen kleinerer Rassen sind bereits im Alter von vier bis sechs Monaten ausgewachsen und werden dann meist läufig. Großrassige Hündinnen erreichen ihr Körpergewicht oft erst nach neun bis zwölf Monaten und kommen somit auch entsprechend später in die Pubertät. Innerhalb einer Rasse erlangen die Rüden oft später die Geschlechtsreife als die Hündinnen.

Der Grund der unterschiedlichen Entwicklung liegt in der Natur. Grosse Rassen wenden mehr Energie für ihr Wachstum auf als kleine Hunderassen – somit wird erst später Energie für die hormonelle Reifung frei.

Bei einem Rüden erkennt man die Geschlechtsreife daran, dass er beginnt, beim Wasserlassen sein Bein zu heben und sich zunehmend für läufige Hündinnen interessiert. Ebenso beginnt der Rüde häufiger zu markieren. Dies kann ab dem Alter von 5 Monaten der Fall sein, eher jedoch später ab dem 9. Monat.

Das Geschlechtshormon kann nun auch schuld sein, wenn Ihr Rüde versucht, seinen Trieb mit Aufreiten und Deckversuchen an Personen oder Gegenständen zu befriedigen.

Mit dem Eintritt der Pubertät erscheinen uns unsere Hunde so manches Mal als Rüpel, Zicken oder Macker. Was bislang in der Erziehung mit unseren Hunden gelang, wird von unseren Vierbeinern jetzt in Frage gestellt. Genau das Gleiche ist auch bei Menschenkindern in der Pubertät zu beobachten.

Unter dem Einfluss von Hormonen verschwinden oder verändern sich Verhaltensweisen. Neue Verhaltensweisen erscheinen, wie zum Beispiel das Beinheben.

Die Geschlechtsreife verläuft bei unseren Hunden sehr unterschiedlich. Der eine verhält sich seiner Umwelt gegenüber aggressiver oder auch ängstlicher als der andere. Manche unserer Lieblinge fangen auf einmal an mit Jagen oder gehorchen auf einmal schlecht. Die unterschiedlichen pubertären Auswirkungen sind selbst innerhalb gleicher Rassen sehr verschieden.

Wenn der Hund den Menschen schon als Welpe nicht ernst genommen hat, wie soll dies dann in der Pubertät gelingen?

Die verschiedenen Phasen des Sexualzyklus

1. Mit dem Beginn der Vorbrunst (durchschnittlich 9 Tage) kommt es zu einem Anschwellen der Vulva und dem Austritt von blutigem bis fleischwasserfarbigem Sekret, welches die Hündin für Rüden attraktiv macht. Eine Deckbereitschaft ihrerseits ist jedoch noch nicht gegeben. Die Hündin beißt die Rüden von sich und „zickt" diese förmlich an.
2. Ihr schließt sich dann die Brunst (durchschnittlich 9 weitere Tage) an, in der Deckbereitschaft der Hündin und Fruchtbarkeit voll gegeben sind. Der Scheidenausfluss wird heller und die Hündin bietet sich den Rüden an.
3. Vorbrunst und Brunst werden zusammen als „Läufigkeit" bezeichnet, welche normalerweise alle 6 bis 7 Monate auftritt. Mittlerweile ist es nicht mehr außergewöhnlich, dass Hündinnen nur einmal im Jahr läufig werden.
   Die Läufigkeit dauert insgesamt bis zu 21 Tagen. Die Paarungsbereitschaft ist meist um den 9. bis 15. Tag.
   Hier gilt es besonders aufzupassen.
4. Die Dauer der Nachbrunst liegt durchschnittlich bei 75 Tagen. Während dieser Zeit ist der Hormonhaushalt der Hündin so gesteuert, dass sie nicht nur schwanger sein kann, sondern eine Scheinschwangerschaft entstehen kann. Diese zeichnet sich durch die Ausbildung des Gesäuges und dem Nestbautrieb aus. Suchen Sie bei diesen Anzeichen bitte Ihren Tierarzt auf. Dieser gibt Ihnen kompetente Tipps oder behandelt Ihren Hund medikamentös.

Beim **Deckakt** des Hundes kommt es zum „Hängen". Auf die Penetration der Hündin hin kommt es zu einer starken Anschwellung des sogenannten „Knotens" des Rüden, welcher die verdickte Basis der Eichel mit einem Schwellkörper darstellt. Dies hat den Effekt, dass der Penis des Rüden „verkeilt" und sich die beiden Tiere nicht voneinander trennen können. Folglich steigt das männliche Tier nach der Ejakulation von seiner Partnerin herunter und dreht sich im Regelfall um 180°, sodass beide Tiere über eine Dauer von bis zu 30 Minuten mit den Hinterteilen einander zugewandt verbunden bleiben. Die Hunde dürfen nun auf keinen Fall gewaltsam getrennt werden, da dies bei der Hündin schwerste innere Verletzungen hervorrufen würde.

Die Trächtigkeit

Die durchschnittliche **Trächtigkeit** der Hündin beläuft sich auf 62 bis 65 Tage (ähnlich wie beim Meerschweinchen). Kleinsthunderassen haben oft nur 1 bis 3 Welpen, Großrassen bekommen bis zu 12 Welpen und mehr. Der durchschnittliche Haushund bekommt zwischen 5 und 8 Welpen.

Die Läufigkeit

Ziehen Sie Ihrer Hündin ein „Höschen“ an. Diese gibt es im Fachhandel. Dadurch haben Sie z. B. zu Hause auch keine Bluttröpfchen auf dem Teppich.

Abb. 60 *Hunde-Tanga*

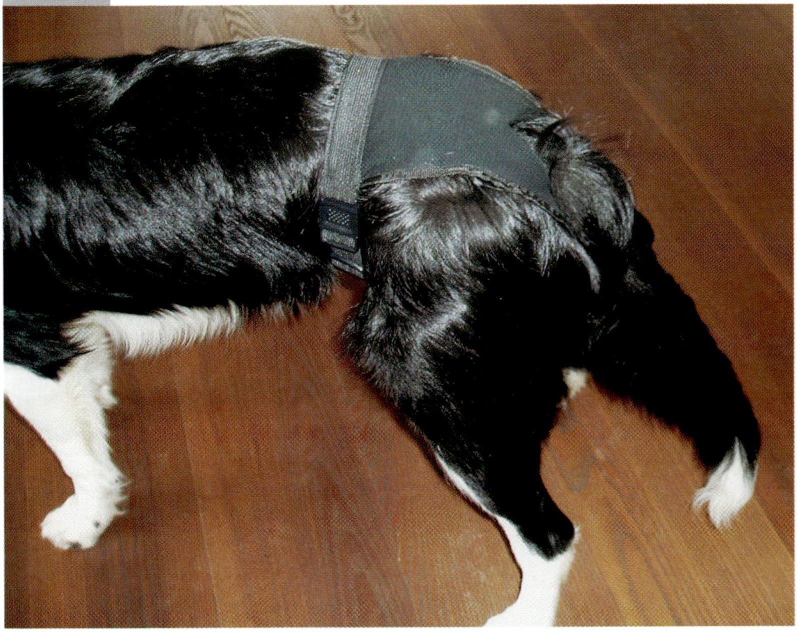

Der Hundeplatz und die Hundewiese sind während der Läufigkeit tabu.

Informieren Sie herankommende Hundehalter über die Läufigkeit Ihrer Hündin.

Sollte doch ein Deckakt unvermeidbar sein, gehen Sie bitte sofort zum Tierarzt; notieren Sie sich die Anschrift des anderen Hundehalters, um sich ggf. zu verständigen.

Lassen Sie sich bitte von Ihrem Tierarzt über den besten Zeitpunkt der Kastration beraten. Hundewelpen aus Unfällen und von Hobbyzüchtern gibt es mittlerweile genug.

Bitte denken Sie bei der Kastration unbedingt daran, den Hund gleich wegen HD (Hüftgelenk-Dysplasie) röntgen zu lassen. Dieser Zeitpunkt ist ideal, da Ihr Hund sowieso in Narkose liegt.

Das Markierverhalten

In Urin und Kot ist Genmaterial vorhanden, welches den Individualgeruch des einzelnen Hundes wiedergibt. Das Absetzen zählt zum stoffwechselbedingten Verhalten und ist ein wesentlicher Bestandteil der Kommunikation unter Hunden. Ich nenne es oft die „Visitenkarte" des Hundes.

Je nach Fortschreiten der Zersetzung des Urins oder des Kotes kann der Hund bestimmen, wann das andere Tier markiert hat.

Die Hormonkonzentration gibt Aufschluss über das Geschlecht des anderen Hundes sowie darüber, ob das andere Tier kastriert oder unkastriert ist. Ebenso gibt sie an, ob der Hund schon geschlechtsreif oder noch ein Welpe ist. Die Zyklusphase von Hündinnen ist ebenfalls in der Hormonkonzentration erschnüffelbar.

Selbst Erregungszustände wie zum Beispiel „gute Laune", Neutralität oder Angst sind im Urin riechbar.

Durch die Duftmarken werden Reviergrenzen abgesteckt. Deutlich wird dies in Hundeauslaufgebieten – viele Hunde markieren dort über die Markung des anderen, vorher dagewesenen Hundes, um zu zeigen, wer Chef des Reviers ist.

17 Gesundheit und Erste Hilfe

Hunde und Menschen sind Krankheiten ausgesetzt. Um das Krankheitsrisiko so klein als möglich zu halten, ist die Hygiene ein wichtiger Punkt. Am besten untersuchen Sie Ihren Hund regelmäßig im Zuge der Fellpflege vom Fang bis zur Rute auf eventuelle Auffälligkeiten bzw. Reaktionen Ihres Lieblings. Auf das Allgemeinbefinden des Hundes und sein Aussehen ist immer zu achten. Wie bei uns Menschen lässt sich Unwohlsein auch beim Tier beobachten.

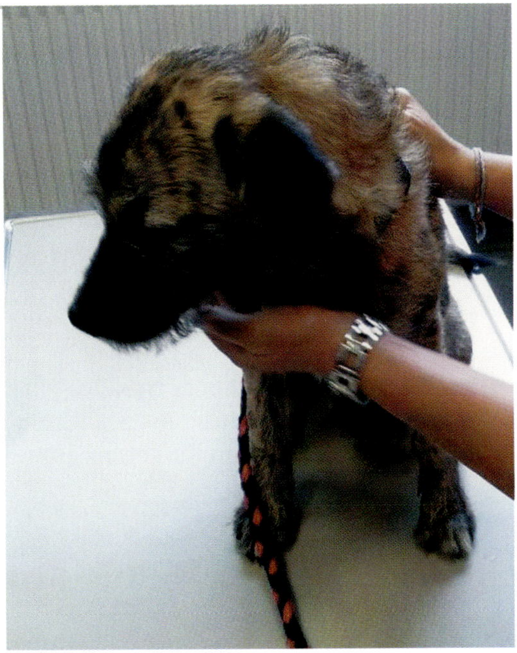

Abb. 61

Untersuchungen gehören ebenfalls geübt

Die Lebenserwartung unserer Hunde

Die allseits bekannte Faustregel, dass 7 Hundejahre einem Menschenjahr entsprechen, taugt nicht zum Vergleich von Hundealter und Menschenjahren.

Der Altersvergleich ist von der Größe des Hundes abhängig. Große Rassen werden schneller alt, kleine Rassen altern langsamer.

Aktuelle Schätzungen gehen davon aus, dass das erste Lebensjahr des Hundes 15 Menschenjahren entspricht. Die Zahl variiert jedoch mit der Größe des Hundes.

Größere Hunde werden etwas langsamer erwachsen (deshalb gilt für sie: 12 menschliche Jahre für 1 Hundejahr) und leben leider oft nicht so lange wie kleinere Rassen. Hunde erreichen das Seniorenalter je nach Größe und Rasse mit 6 bis 8 Jahren.

Die durchschnittliche Lebenserwartung von Hunden beträgt 10 bis 16 Jahre. Die individuelle Lebenserwartung hängt von verschiedenen Faktoren ab. Neben genetischen Faktoren spielen äußere Einflüsse wie gesunde Ernährung, ausreichend Bewegung und ein ausgeglichenes soziales Umfeld für den Alterungsprozess eine Rolle.

Hinsichtlich des Hundealters bzw. der Lebenserwartung von Hunden gilt:

- Hunde kleiner Rassen haben eine höhere Lebenserwartung als Hunde großer Rassen.
- Mischlinge werden älter als Rassehunde vergleichbarer Größe.
- Rüden und Hündinnen haben eine gleich hohe Lebenserwartung.
- Kastrierte Hunde leben im Durchschnitt ein Jahr länger als nicht kastrierte Tiere.
- Hunde, die in ländlichem Umfeld gehalten werden, haben eine höhere Lebenserwartung als Stadthunde.
- Schlanke Hunde leben länger als Hunde mit Übergewicht.

Infektionen und Krankheitsüberträger

Beim Hund bestehen drei Infektionsmöglichkeiten:

- Bakterielle Infektionen (z. B. Leptospirose)
- Faktorenerkrankung (z. B. Zwingerhusten, Borreliose)
- Virale Infektionen (z. B. Tollwut, Leberentzündung)

Der Hund ist jährlich vom Tierarzt zu impfen. Des Weiteren wird bei einem Auslandsurlaub ein gültiger EU-Heimtierausweis mit den erforderlichen Impfungen verlangt.

Oft gibt es beim Hund auch Hautparasiten, welche auch andere Krankheiten übertragen können:

- Flöhe (Überträger von Krankheiten wie Bandwurm, Allergien)
- Darmparasiten, Würmer. Eine vierteljährliche Entwurmung ist je nach Haltungsbedingungen ausreichend.
- Läuse (werden i. d. R. durch den Menschen oder andere Hunde übertragen)
- Milben, Ohrmilben (Kopf schütteln, Ohren kratzen)
- Zecken

Die Ernährung

Damit Knochen und Bänder sich festigen, muss ein Hund langsam wachsen.

- Geben Sie einem Welpen weder Joghurt, Quark oder Ei in größeren Mengen, da er sonst zu viel Protein bekommt.
- Futter mit max. 30 % Rohprotein für Welpen, ohne Zucker und frei von Farb- und Konservierungsstoffen.
- Futter mit max. 40 % Rohprotein für Junghunde und erwachsene Hunde.
- Lassen Sie sich im Fachgeschäft beraten und probieren Sie ruhig mehrere Sorten; jeder Hund hat seine Vorlieben.
- Eine Alternative ist die Fütterung von Frischfleisch, welches vorher gekocht werden muss. Die Zusammensetzung besteht aus zwei Drittel Fleisch und ein Drittel Gemüse (kurz angedünstet). Es können auch Reis und Nudeln in geringen Mengen (Dickmacher) beigemischt werden.
- Bis zur 16. Lebenswoche – 4 mal tägl. füttern; ab dem 4. Lebensmonat – 3 mal tägl. füttern; ab dem 12. Monat – 2 mal tägl. füttern.
- Nach dem Fressen soll der Hund mindestens 1 bis 2 Stunden ruhen – sonst besteht die Gefahr der Magendrehung (Leinenspaziergänge sind natürlich möglich).
- Stellen Sie Ihrem Vierbeiner immer Wasser frei zur Verfügung.
- Reichen Sie keine Geflügelknochen, gewürzte Speisen, rohes Schweine- oder Rindfleisch, Zwiebel, Kakao, Schokolade, Milch, rohe Eier, Knochen, Süßigkeiten, Rosinen, Weintrauben und kein Kraut.
- Schokolade führt bereits in kleinen Mengen zu Herzrythmusstörungen. 6 Gramm je kg Körpergewicht des Hundes reichen

teilweise schon aus. Der Stoff Theobromin löst eine Vergiftung im Hundekörper aus. Je höher der Kakaoanteil ist – desto mehr Theobromin ist in der Schokolade!

Ich empfehle immer zwei Näpfe. Der Wassernapf ist ständig gefüllt und frei zugänglich. Der Fressnapf wird nur auf den Boden gestellt, wenn es tatsächlich Fressen gibt. Des Weiteren ist der Fressnapf wegen der Keimbildung täglich zu spülen.

Die Krankheitsanzeichen des Hundes

Bei folgenden Auffälligkeiten ist der Hund zu beobachten und gegebenenfalls der Tierarzt zu informieren – dieser entscheidet dann, wie dringend ein Praxisbesuch ist:

- Veränderung des Allgemeinbefindens, der Lebhaftigkeit, des Fressens, des Trinkens – Die normale Trinkmenge eines Hundes liegt zwischen 20 und 100 ml pro Kilogramm Körpergewicht.
- Veränderung der Atmung – die Atemfrequenz im Ruhezustand beträgt 15–30 Atemzüge pro Minute.
- Veränderung des Pulses, der Puls darf 70–160/Min. haben. Hunde großer Rassen liegen eher im unteren, kleiner Rassen im oberen Bereich dieser Werte.

Abb. 62 *Bin ich nicht brav?*

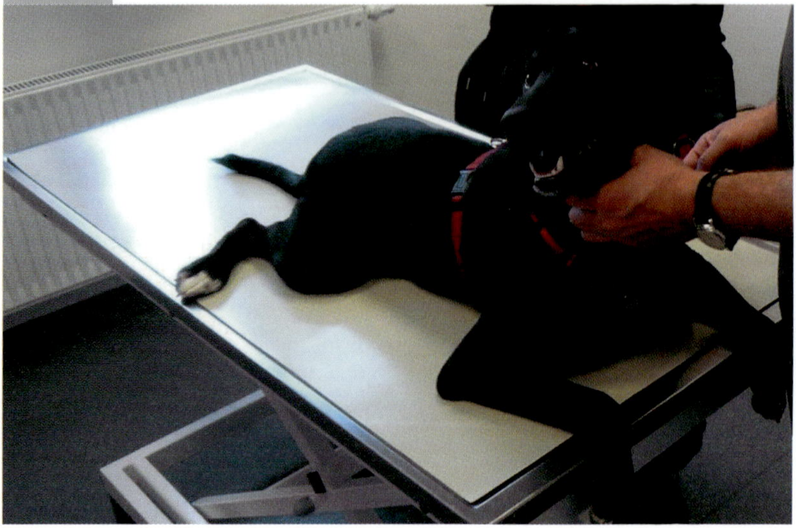

- Nasenausfluss, Verkrustungen an der Nase
- Augenausfluss, Augenrötung, Veränderung der Hornhaut
- Mundgeruch, übermäßiger Speichelfluss
- Übermäßiges Ohrenschütteln, Geruch aus dem Ohr, Sekretfluss aus dem Ohr, Kopfschiefhaltung
- Husten, Atemgeräusche
- Erbrechen, Durchfall, Kotdrang
- Futterverweigerung, vermehrter Hunger oder vermehrter Durst
- Verdacht auf Magendrehung (sep. Kapitel folgt)
- Veränderung der Schleimhäute z. B. Zahnfleisch ist nicht mehr rosafarben
- Harn-Absatzprobleme, Blut im Urin, Blut im Kot
- Analbeutel – Schlittenfahren, Analöffnung (Rötungen)
- Juckreiz – Rötungen der Haut, Schuppen, Krusten, Haarausfall
- Lahmheiten oder Schwellungen
- Anschwellen der Geschlechtsorgane – eine Hündin kann nach der Läufigkeit scheinträchtig werden; ein älterer Rüde kann Probleme mit der Prostata haben und Welpen/Junghunde eventuell einen Hodenabstieg
- Ballen und Krallen auf Verletzungen prüfen
- Temperaturveränderung (37,5 °C bis 39 °C ist die Normaltemperatur; bei Welpen bis 39,5 °C)
- Vergiftungserscheinungen wie starkes Speicheln, Befindlichkeitsstörungen, Futterverweigerung, verengte Pupillen, vermehrte Blutungsneigung, häufiges Erbrechen und/oder Bewegungsstörungen

Kleine Zahnkunde

Hunde werden ohne Zähne geboren. Die Milchzähne brechen im Alter von 4 Wochen durch. Mit 6 Wochen hat der Welpe seine 28 Milchzähne. Im Alter von 16 Wochen beginnt der Zahnwechsel. Im Laufe der nächsten zwei Monate erhält der Welpe sein Dauergebiss mit 42 Zähnen. Während dieser Zeit sollten Sie zum Beispiel vermehrt Ochsenziemer oder noch besser, wegen weniger Fettanteilen, Rinderkopfhaut zu knabbern geben, um den Zahnwechsel angenehmer zu machen. Räumen Sie während dieser Zeit Schuhe und Ähnliches weg. Beim Zahnwechsel tritt oft Mundgeruch auf – dies ist jedoch ganz normal. Persistierende Milchzähne (der Milchzahn wird nicht vom nachfolgenden Zahn herausgeschoben, sondern seitlich neben dem noch fest verankerten Milchzahn bricht

Abb. 63 *Der Zahn tut weh – persistierender Milchzahn*

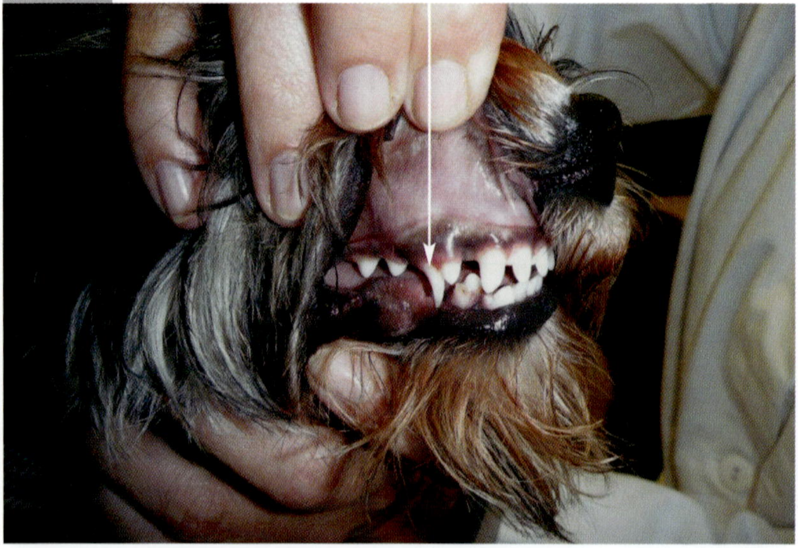

der endgültige Zahn aus dem Zahnfleisch heraus) müssen bitte vom Tierarzt gezogen werden. Bitte gehen Sie auch zum Arzt, wenn ein Milchzahn abbricht. Der Zahnrest im Kiefer kann sonst starke und schmerzhafte Entzündungen verursachen. Abgebrochene Zähne des Dauergebisses können vom Tierarzt evtl. wieder angeklebt werden. Bitte bringen Sie diesen in einem feuchten Tuch eingewickelt mit zur Behandlung.

Neben dem Zähneputzen können Sie auch mit einem Baumwolllappen und Schlämmkreide (Apotheke) die Zähne abreiben. So kann man leichten Zahnbelag entfernen. Tennisbälle sind für Hundezähne tabu. Neben der Krebserzeugung schleifen die Tennisbälle den Zahnschmelz irreparabel ab. Sie können dies mit einem Schleifpapier vergleichen.

Zecken

Die einfachste Methode der Vorbeugung ist die Vermeidung von Zeckengebieten, also z. B. von Gebüschen, hoch wachsenden Gräsern etc. Dies lässt sich aber nicht immer ausschließen. Zur Verminderung des Infektionsrisikos sollte Ihr Hund nach dem Freigang gründlich abgesucht werden. Bevorzugt werden gefäßreiche, dünnhäutige Stellen an Kopf, Hals, Schulter und Achsel von den Zecken aufgesucht.

Neben der manuellen Zeckensuche erhalten Sie in Ihrer tierärztlichen Praxis einen speziell gegen Zecken gerichteten Wirkstoff. Dieser wird in monatlichen Abständen dem Hund auf den Nacken und auf die Kruppe (Hunderücken, kurz vor Rutenansatz) geträufelt. Diese Arzneimittel schützen Ihren Hund wirksam und sind zudem größtenteils wasserfest. Lassen Sie sich von Ihrem Tierarzt beraten und testen Sie ggf. verschiedene Produkte aus.

Wenn Sie eine Zecke entdecken, so können Sie diese mit einer im Handel erhältlichen Zeckenzange, Zeckenkarte oder Pinzette entfernen. Ergreifen Sie hierzu die Zecke so nahe als möglich an der Haut des Hundes. Versuchen Sie nicht, die Zecke mit den Fingern zu fassen, auch wenn sie groß genug dazu erscheint. Das Quetschen der Zecke, vor allem des Hinterleibes, führt dazu, dass erregerhaltige Flüssigkeit direkt in die Bisswunde gedrückt wird. Ziehen Sie die Zecke ohne Drehbewegung langsam und gleichmäßig heraus. Wenn Sie Teile der Zecke nicht entfernen konnten, suchen Sie den Tierarzt auf.

Wenn sich nach einem Zeckenbiss eine ringförmige Rötung zeigt, unbedingt sofort den Arzt aufsuchen. Die Rötung ist ein eindeutiger Hinweis auf eine Infektion. Hier ist vorsorglich eine Antibiotika-Therapie notwendig.

Die Erste-Hilfe-Maßnahmen

Jeder sollte 1. Hilfe für den Mensch und für den Hund leisten können. Verletzungsgefahren gibt es beim Spiel, im Kampf, im Straßenverkehr, im Haushalt (Vergiftungen), bei Hitze/Kälte sowie durch Krankheiten. Erste-Hilfe-Maßnahmen ersetzen nicht die umgehende Vorstellung bei einem Tierarzt.

Was ist als erstes zu tun?

! **!!! Ersthelfer-Motto = Ruhe bewahren – Überlegen – Handeln !!!**

Nach einer Beißerei oder nach einem Unfall sollten Sie Ihren Hund sofort anleinen. Oft haben die Hunde einen Schock und reagieren erst ganz normal bis der Schock nachlässt. Spürt der Hund dann die Schmerzen, reagiert er meist unkontrolliert. Ihn dann wieder einzufangen und zu untersuchen wird nur schwer gelingen.

Die Annäherung an den verletzten Hund

- Hund anleinen
- Unfallstelle sichern
- Passanten zu Hilfe herbeirufen
- Ohne hastige Bewegungen entschlossen handeln
- Beruhigend und ruhig auf das Tier einreden sowie an den unverletzten Stellen streicheln
- Eine Maulschlinge anbringen

Die Maulschlinge

Bei der 1. Hilfe ist es oftmals angebracht, dem fremden sowie auch dem eigenen Hund eine Maulschlinge anzulegen, damit Sie nicht gebissen werden.

Wenn ein Hund Schmerzen hat, reagiert er nicht mehr normal. Wenn er dann beißt, ist dies eine vollkommen normale Abwehrreaktion. Wenn Sie mit Ihrem Hund die Maulschlinge vorher üben, wird er diese im Unglücksfall, welcher hoffentlich nie auftritt, als nicht ganz so schlimm empfinden. Eine Maulschlinge macht jedoch nur dann einen Sinn, wenn sie fest genug angelegt wird, d. h. der Hund kann sein Maul nicht mehr öffnen und er kann sie nicht abstreifen.

Sie dürfen Ihrem Hund jedoch auf keinen Fall eine Maulschlinge anlegen, wenn der Verdacht auf Vergiftungen besteht, bei Erbrechen, bei Bewusstlosigkeit oder wenn sich Fremdkörper im Rachenraum befinden.

Abb. 64 *Anwendung der Maulschlinge*

Feststellung und Beurteilung der Lebensfunktionen

Bei der Untersuchung des Hundes wird in der gleichen Reihenfolge vorgegangen wie beim Menschen:

- Ist der Hund ansprechbar
- Kontrolle der Schleimhäute
- Atmung überprüfen
- Puls kontrollieren (70–160 beim erwachsenen Hund, bei Welpen bis 220)
- Ausschluss von Wirbelsäulenverletzungen
- Blutungen und offene Brüche versorgen
- Schockbehandlung durchführen (wird später beschrieben)

Beatmung und Herzmassage dürfen nur durchgeführt werden, wenn sichergestellt ist, dass keine Atmung und kein Puls mehr vorliegen und wenn der Hund ohne Ihr Eingreifen keine Überlebenschance mehr hat.

Zur Kreislaufkontrolle öffnen Sie dem Hund leicht das Maul und drücken Sie dann mit einem Finger kurz und kräftig auf das Zahnfleisch. Die Druckstelle sollte sich durch den Druck weiß färben und anschließend relativ schnell (innerhalb von zwei Sekunden) wieder die ursprüngliche Färbung annehmen. Langsames Füllen der Druckstelle deutet auf niedrigen Blutdruck, extrem schnelles Füllen auf hohen Blutdruck hin. Testen Sie dies doch einfach am gesunden Hund, dann wissen Sie auch wie die Verfärbung bei Ihrem Hund im Normalfall aussieht.

Symptome und Handlungsempfehlung

Durchfall

Bei Durchfall des Hundes ist als erste Maßnahme der sofortige Futterentzug durchzuführen. Sie können Ihrem Liebling verdünnten, schwarzen Tee anbieten. Trinkt er diesen nicht, stellen Sie ihm bitte lauwarmes Wasser zur Verfügung. Durch den Nahrungsentzug kann sich die geschädigte Darmschleimhaut schnell wieder regenerieren.

Nach 24-stündigem Fasten erhält der Hund eine Diät, bestehend aus Kartoffelbrei **ohne** Milch und **ohne** Fett oder aus gekochtem Hühnchen- oder Putenfleisch mit Reis. Ebenso können Sie Ihrem Hund auch Babyheilnahrung aus der Apotheke zum Fressen geben. Dies gilt jedoch nur, wenn sich der Durchfall innerhalb eines Tages wieder gebessert hat. Bleibt der Durchfall bestehen und wird im-

Abb. 65 *Oh, ah …*

mer wasserähnlicher oder weist er sogar Blutbeimengungen auf, so sollte Ihr Hund sofort dem Tierarzt vorgestellt werden. Eine Kotprobe kann dem Tierarzt gleich helfen, der Sache auf die Spur zu kommen. Länger anhaltender Durchfall führt beim Hund wie bei uns zu schweren Elektrolytverlusten.

Erbrechen

Sollte Ihr Hund sich gelegentlich erbrechen, ist das nicht gleich ein Grund zur Besorgnis. Dies kann daran liegen, dass er beim Spaziergang Gras gefressen hat. Bedenklich ist es, wenn das Tier sich innerhalb kurzer Zeit mehrmals erbricht und auch ansonsten einen kranken Eindruck macht. Ist die Ursache nicht feststellbar, sollte auf jeden Fall sofort das Futter entzogen werden. Stellen Sie dem Patienten frisches Wasser zur Verfügung. Erbrechen kann ein Anzeichen für eine beginnende Infektion oder für eine Vergiftung sein. Daher ist der Hund bei wiederholtem Erbrechen in eine warme Decke zu wickeln und zum Tierarzt zu bringen. Wenn Ihr Hund sich über längere Zeit erbricht, prägen Sie sich gut ein, wie er dies tut und wie das Erbrochene aussieht. So können Sie Ihrem Tierarzt über beides genaue Angaben machen. Am besten nehmen Sie eine kleine Menge des Erbrochenen in einem Glas oder Tütchen mit, damit der Tierarzt eine entsprechende Analyse durchführen kann.

Der Hund verschluckt einen Gegenstand

Sobald Ihr Hund z.B. eine Plastiktüte, eine Socke, einen Feinstrumpf oder einen anderen Gegenstand verschluckt, haben Sie max. 90 Minuten Zeit, um dem Hund vom Tierarzt eine Spritze geben zu lassen. Diese bewirkt, dass der Hund erbrechen kann. In den meisten Fällen kommt der Gegenstand dann ohne Operation wieder zum Vorschein. Bitte versuchen Sie nicht, den Hund mit Salzwasser oder Ähnlichem zum Erbrechen zu bringen.

Hat Ihr Hund winzige Kieselsteinchen oder kleine Teile von Plastikspielzeug verschluckt, können Sie ein altes Hausmittel – Sauerkraut – geben. Dieses umwickelt die kleinen Teilchen und schleust sie auf natürlichem Weg aus dem Darm. Diese Maßnahme ist nur als Unterstützung gedacht und ersetzt nicht den Arztbesuch.

Verletzungen der Maulhöhle

Gerne verletzen sich Hunde beim Spiel mit Holzstöcken oder beim Fressen von Knochen. Der Hund zeigt dies durch vermehrtes Speicheln und er fährt sich evtl. mit der Pfote oft über das Maul.

Heben Sie Ihrem Liebling die Lefzen hoch und schauen ihm ins Maul, um den Fremdkörper zu entfernen. Steckt dieser jedoch in Weichteilen ist der Fremdkörper wegen der hohen Nachblutungsgefahr nur vom Tierarzt zu entfernen.

Bisswunden

Bisswunden sind die Folge von Raufereien untereinander. Hunde verursachen dabei durch ihre Reißzähne tiefe Verletzungen, bei denen sogar Hautteile abgerissen werden können oder sich Wundhöhlen bilden. Sie treten häufig am Hals, an der Schulter und an den Läufen auf. Oft sieht man Verletzungen nur als kleine Löcher an der Hautoberfläche.

Bissverletzungen sollten innerhalb von spätestens vier Stunden durch einen Tierarzt versorgt werden. Obwohl diese kleinen, kaum erkennbaren Wunden oft völlig „harmlos“ aussehen, fallen Bissverletzungen unter „Gefährliche Verletzungen“, weil durch den Biss die äußere Haut oft großflächig von der Unterhaut abgehoben wird und eine entsprechend große, oft unsichtbare Wundhöhle entsteht. Hier kommt es in der Regel durch die eingedrungenen Bakterien zu mehr oder weniger massiven Infektionen – oft verbunden mit Fieber.

Untersuchen Sie daher nach Raufereien unbedingt die Haut nach Einbissstellen, schneiden Sie gegebenenfalls dazu die Haare vorsichtig weg, desinfizieren Sie das Wundgebiet und bringen Sie den Hund möglichst schnell zu Ihrem Tierarzt. Beachten Sie unbedingt, dass Bisswunden, welche dem Menschen zugefügt werden, sofort ärztlich behandelt werden müssen. Die Infektionsgefahr ist sehr hoch.

Blutstillung bei Verletzungen

Fixieren Sie den Hund gut, damit er sich nicht bewegen kann.

Leichte Blutungen

Blutungen, bei denen keine größeren Gefäße verletzt sind (Schürfwunden und oberflächliche Schnittwunden, bei denen die Wunde nicht klafft), werden am besten durch gleichbleibenden, mehrere Minuten andauernden Druck gestoppt. Dazu eignet sich ein steriler Tupfer oder ein sauberes Stück Stoff, welches auf die Wundränder gedrückt wird. Reinigen Sie die Wunde erst, wenn die Blutung gestoppt ist. Vermeiden Sie Reiben oder Betupfen der Wunde.

Stärkere Blutungen

Ist die Blutung mit einfachem Druck nicht unter Kontrolle zu bringen, müssen Sie einen Druckverband anbringen und schnellstens zum Tierarzt.

Sehr starke Blutungen

Kann eine Blutung an den Gliedmaßen oder an der Rute (Schwanz) nicht durch einen Druckverband unter Kontrolle gebracht werden, kann die entsprechende Extremität oberhalb der Verletzung kurzzeitig abgebunden werden. Lassen Sie die Staubinde nie länger als 10 Minuten angezogen. Kommt es danach nicht zur Verringerung der Blutung, ziehen Sie die Staubinde erneut an. Das Tier muss sofort einem Tierarzt vorgestellt werden.

Wundreinigung und Desinfektion

Die Wundreinigung darf nur erfolgen, wenn die Blutung gestoppt wurde. Nutzen Sie zur Reinigung von Wunden alkoholfreie Flüssigkeiten, die nicht brennen. Milde Jodlösungen oder verdünnte Wasserstoffperoxid-Lösungen (3%ige Lösung aus der Apotheke) eignen sich zur Reinigung und gleichzeitiger Desinfektion. Können Sie die Blutung nicht kontrollieren beziehungsweise sind Fremdkörper in der Wunde, müssen Sie Ihren Hund sofort dem Tierarzt vorstellen.

Erstickungsanfall

Handeln Sie unverzüglich. Einen kleinen Hund heben Sie an seinen Hinterbeinen hoch und schwingen ihn vorsichtig ein paar Mal hin und her.

Einen großen Hund umfassen Sie um den Brustkorb, heben ihn hoch, sodass der Kopf nach unten hängt und lassen ihn kurz ruckartig nach unten, ohne ihn dabei fallen zu lassen.

Öffnen Sie nun das Hundemaul und umfassen Sie mit der einen Hand den Unterkiefer und mit der anderen Hand den Oberkiefer. Drücken Sie mit Daumen und Zeigefinger fest auf die Lefzen und drücken Sie nun die Kiefer auseinander. Versuchen Sie nun den Fremdkörper vorsichtig zu entfernen (keine Angelhaken gewaltsam entfernen, nicht an heraushängenden Fäden ziehen).

Abb. 66

So wird's gemacht

Vergiftungen (Vorsicht, Lebensgefahr!)

Bei Vergiftungen ist es für den Laien sehr schwierig, eine richtige Diagnose zu stellen. Helfen kann in diesem Fall nur der Tierarzt, deshalb sind hier nur Vergiftungsanzeichen genannt:

- Starkes Erbrechen – starker Speichelfluss
- Starke Reizung der Augen- oder der Mundschleimhaut
- Starker Durchfall
- Zittern, Schwäche, Kreislaufkollaps, Krämpfe
- Blut im Erbrochenen – Blut im Stuhl – Blut im Urin
- Starkes, kurzatmig wirkendes Hecheln
- Blaufärbung der Zunge – Atemnot

Erstmaßnahmen

- Aufbewahren einer Probe des Giftes, um diese dem Arzt zu geben.
- Geben Sie dem Hund Kohletabletten (absorbiert kurzfristig einen Teil des Giftes).
- Falls er keine Krämpfe hat, lassen Sie ihn viel Wasser trinken – aber flößen Sie ihm kein Wasser ein.
- Versuchen Sie, den Hund – nur nach telefonischer Rücksprache mit dem Tierarzt – zum Erbrechen zu bringen.
- Suchen Sie sofort den Tierarzt auf.
- Geben Sie dem Tier auf keinen Fall Milch, Öl oder Eiweiß, denn dadurch gelangt das Gift noch schneller in den Organismus.

Vergiftungserscheinungen durch Rattengift treten erst 3–5 Tage nach der Giftaufnahme auf. Durch den Wirkstoff des Giftes wird die Blutgerinnung aufgehoben, dadurch verblutet der Hund an kleinsten Wunden. Bei rechtzeitiger Behandlung durch den Tierarzt sind die Aussichten relativ gut.

Bringen Sie Ihrem Hund unbedingt bei, auf der Straße oder aus Mülltonnen nichts zu fressen. Auf das Kommando „Pfui" oder „Nein" hat er sofort jegliche Fressaktivität einzustellen. Ihr Hundetrainer hilft Ihnen dabei.

WICHTIG

Die Telefonnummer der Gift-Notrufzentrale ist 030-19240 (www.giftnotruf.de).

Magendrehung

Die Magendrehung ist immer lebensbedrohlich. **Der Hund muss sofort zum Tierarzt gebracht werden.** Vorwiegend sind große Hunderassen betroffen. Magendrehungen entstehen meist nach dem Füttern. Durch unglückliche Bewegungen kann sich der Magen drehen. Hierbei werden Magenein- und -ausgang abgeschnürt, wobei es durch im Magen stattfindende Verdauungsprozesse zu einer Aufgasung des Magens kommt. Durch die Drehung werden die Blutgefäße, die den Magen, die Milz sowie Teile des Dünndarmes versorgen, abgeschnürt.

Vorbeugend sollten Sie Ihren Hund mehrmals täglich füttern und ihn anschließend mindestens 2 Stunden ruhen lassen.

Anzeichen einer Magendrehung:

- Der Hund winselt oder heult laut auf.
- Der Hund ist anfänglich sehr unruhig, hat starke Schmerzen, speichelt viel und versucht erfolglos zu erbrechen und würgt.
- Der Hund hat Atemnot. Die Atmung ist schnell und flach.
- Der Gesichtsausdruck ist ängstlich und leidend.
- Der Hund bekommt eventuell einen Schock und Kreislaufkollaps.
- Der Bauchumfang nimmt ständig zu (oft einseitig) – klopft man auf die Bauchwand, hört es sich an wie eine Trommel.

Maßnahme: Der Hund muss sofort zur Not-Operation.

Stromschlag

Oft erscheint der Hund nach einem Stromschlag als wenn nichts geschehen wäre. Die Schäden, wie Herzrhythmusstörungen oder das Füllen der Lunge mit Wasser, treten oft erst nach Tagen auf.

Anzeichen eines Stromschlages:

- Brandwunden im Maulbereich
- Krämpfe
- Der Hund kollabiert.
- Atemfrequenz unter 10 Atemzüge pro Minute
- Bewusstlosigkeit, evtl. Herzstillstand
- Stuhl- und Urin-Abgang

Besonders Welpen im Zahnwechsel knabbern und kauen gerne auf einem Stromkabel. Die Hunde vergewissern sich vorher nicht, ob Strom auf der Leitung ist oder nicht. Machen Sie bitte Stromkabel für Ihren Hundewelpen unzugänglich.

Erstmaßnahmen:

- Schalten Sie sofort die Stromquelle aus, berühren Sie Ihren Hund keinesfalls vorher.
- Wenn Sie die Stromquelle nicht ausschalten können, versuchen Sie Ihren Hund von der Stromquelle wegzuschieben, fassen Sie ihn aber nicht dabei an. Verwenden Sie einen Holzbesenstiel, eine Holzlatte, einen Ast oder ähnliches.
- Wenn für Sie selbst keine Gefahr mehr besteht, überprüfen Sie sofort Atmung und Puls des Hundes.
- Falls notwendig, führen Sie eine Wiederbelebung durch.
- Suchen Sie sofort den Tierarzt auf.

Insektenstich

Viel zu gerne jagen unsere Hunde Insekten. Bienen, Wespen und Hornissen lösen durch ihre Stiche, sprich durch die Gifte, lokale

Abb. 67 *Kühlung tut gut*

Entzündungsreaktionen aus. Insektenstiche sind wie für uns Menschen sehr schmerzhaft und können unter Umständen eine Lebensgefahr für das Tier darstellen.

Sticht das Insekt den Hund im Maul oder Rachenraum, kann es zu starken Schwellungen kommen, welche die Atmung erschweren. Auch bei Tieren kann es zu schweren allergischen Reaktionen kommen.

Anzeichen für einen Insektenstich:

- Das Tier wird unruhig und beleckt sofort die Wunde.
- Der Hund reagiert sehr schmerzhaft, wenn Sie den Stich betasten.
- Die Haut um den Einstich ist gerötet und meist geschwollen.

Entfernen Sie, wenn möglich, den Stachel mit einer Pinzette und kühlen Sie die verletzte Stelle mit einem Eisbeutel oder einem nassen, kalten Tuch. Schwillt der Stich an bzw. wurde Ihr Tier in den Mund oder Rachen gestochen, sollten Sie unbedingt einen Tierarzt aufsuchen. Kommen Sie auf dem Weg an einer Apotheke vorbei, flößen Sie Ihrem Hund eine Trinkampulle Kalzium ein.

Schock – Schockformen und ihre Erkennung

Beim Schock kommt es zu einer unzureichenden Blutversorgung in Gehirn und Nebenniere, und damit zu deren Funktionsstörung. Ein Schock entsteht immer als Folge eines Unfalls oder einer Krankheit.

Das Erkennen und die Behandlung eines Schocks muss bei der Ersten Hilfe immer an erster Stelle stehen, da der Schock immer lebensbedrohlich ist:

- Kardiovaskulärer Schock (Herzversagen) – entsteht als Folge von Schädigung des Herzens
- Hypovolämischer Schock (Flüssigkeitsverlust) – entsteht als Folge von starkem Blut- bzw. Flüssigkeitsverlust (äußere und innere Verletzungen, anhaltende Durchfälle, Erbrechen, Verbrennungen, Erfrierungen)
- Septischer Schock – entsteht als Folge von schweren bakteriellen Infektionen bei Jungtieren
- Anaphylaktischer Schock (Allergie) – entsteht als Folge von allergischen Reaktionen, z. B. nach einem Insektenstich

- Neurogener Schock (Nervenstörungen) – entsteht durch starke Schmerzen oder Schädelverletzungen (Zerrung der Eingeweide, Quetschung der Hoden, extrem psychische Belastungen bei Unfällen)

Schocksymptome treten einzeln oder in Kombination auf:

- Schwäche, Bewegungsarmut oder Bewegungsunfähigkeit
- Leicht abwesender und geschwächter Eindruck
- Verlust des Stehvermögens, Bewusstlosigkeit
- Durst, Erbrechen, erhöhte Herzfrequenz
- Die Hauttemperatur ist herabgesetzt.
- Die Schleimhäute und die Haut sind blass bis bläulich.
- Schneller, oberflächlicher Atem

Maßnahmen:

Leinen Sie den Hund an und legen Sie ihn in die Seitenlage. Wenn das Tier noch selbstständig trinken kann, bieten Sie bitte Wasser an. Überstrecken Sie den Kopf des Hundes und achten Sie darauf, dass er frei atmen kann (Zunge hervorziehen und Erbrochenes entfernen). Lagern Sie den hinteren Körperteil hoch (mit Jacke unterlegen) und wickeln Sie das Tier in eine Decke, um es warm zu halten, da die Wärmeregulation des Körpers nicht mehr funktioniert. Rufen Sie sofort einen Tierarzt.

Herz- und Lungenwiederbelebung

Falls kein Puls mehr fühlbar ist, müssen Sie sofort mit einer fachkundigen Herzmassage beginnen. Sie erreichen damit, dass die lebenswichtigen Organe weiterhin mit Blut und Sauerstoff versorgt werden.

- Nur durchführen, wenn kein Puls mehr spürbar ist.
- Handflächen auf den Brustkorb hinter die Vordergliedmaßen legen.
- Kräftiges, regelmäßiges Drücken auf den Brustkorb vornehmen.
- Im Wechsel 10 „Herzkompressionen“ und 2 Beatmungen.
- Wenn nach 10 Min. keine Veränderung festzustellen ist, sollte die Maßnahme abgebrochen werden.

Bei einem Atemstillstand Ihres Hundes müssen Sie ebenfalls sofort handeln, da die lebenswichtigen Organe nicht mehr mit Sauerstoff versorgt werden.

Abb. 68 *Herzdruckmassage*

Abb. 69 *Mund-zu-Nase-Beatmung*

- Atemwege freilegen, Fremdkörper entfernen
- Hund auf rechte Seite legen und Kopf leicht überstrecken
- Mund zu Nase beatmen
- 20 Atemstöße/Min. beim großen, 40 Atemstöße/Min. beim kleinen Hund
- Nach 10 Min. Beatmung aufhören

Unterkühlung

Ein gesunder Organismus gleicht starken Wärmeentzug durch die Steigerung des Stoffwechsels aus. Unter Unterkühlung versteht man das Auskühlen des gesamten Körpers durch niedrige Außentemperaturen, nasse Körperoberfläche, Kreislaufversagen (Schock, Bewusstlosigkeit) und durch Aufnahme von kaltem Wasser (unter 5 °C). Der Körper ist nicht mehr in der Lage, seine Körpertemperatur selbst zu regulieren. Bei niedrigen Außentemperaturen wird das Gewebe weniger stark durchblutet und es kommt zu einem lokalen Sauerstoffmangel. Davon sind besonders Nase, Ohren, Extremitäten, männliche Geschlechtsorgane, Schwanzspitze und die Schleimhäute des Magen-Darm-Traktes betroffen. Die Körperfunktionen verlangsamen sich und es tritt ein allgemeiner Sauerstoffmangel im Hundeorganismus ein.

Abb. 70

Langsam wird mir wieder warm

Erstmaßnahmen:

- Halten Sie den Hund in Bewegung und bringen Sie das Tier an einen warmen Ort.
- Wickeln Sie das Tier in eine Decke.
- Legen Sie eine Wärmflasche unter die Decke.
- Messen Sie rektal die Temperatur.
- Überprüfen Sie, ob das Tier frei atmen kann.
- Bieten Sie dem Tier angewärmtes Wasser an (bewusstlosen Tieren keine Flüssigkeit einflößen).
- Suchen Sie den Tierarzt auf.

Erwärmen Sie ein stark unterkühltes Tier nicht zu schnell. Setzen Sie es nicht zu starker Hitze aus, da sonst durch plötzliches, schnelles Erwärmen der oberflächlichen Blutgefäße die Durchblutung lebenswichtiger innerer Organe lebensgefährlich beeinträchtigt wird.

Hitzschlag

Kein Hund sollte im Sommer im geparkten Auto längere Zeit verbleiben. Die Temperatur kann, auch bei geöffnetem Fenster, innerhalb kürzester Zeit auf über 55 Grad steigen. Auch zuviel Bewegung an heißen Tagen kann sehr schnell zu einem Hitzschlag führen. Zum Beispiel sind Hunderassen mit verkürztem Maul und flacher Nase, langhaarige Rassen, übergewichtige und ältere Hunde gefährdeter als andere.

Abb. 71

Am besten noch ein Vanilleeis dazu

Anzeichen eines Hitzschlages:

- Geweitete Pupillen
- Starkes Hecheln und sehr starker Speichelfluss
- Kreislaufkollaps
- Ängstlicher Gesichtsausdruck
- Körpertemperatur über 40 °C

Erstmaßnahmen:

- Polizei anrufen, sofern es ein Hund im fremden Kfz ist.
- Den Hund aus dem Kfz holen.
- Bringen Sie den Hund in den Schatten.
- Falls Wasser vorhanden ist, kühlen Sie ihn vorsichtig aber intensiv ab.
- Wenn Sie den Hund ins Wasser führen, achten Sie immer darauf, dass Sie seinen Kopf stützen, da er zusammenbrechen könnte.
- Geben Sie ihm reichlich zu trinken.
- Massieren Sie seine Extremitäten.
- Suchen Sie sofort den Tierarzt auf.

Führen Sie bitte generell im Auto Wasser, einen Trinknapf und ein Handtuch mit. Somit haben Sie für alle Fälle vorgesorgt.

Verbrennungen

Verletzungen durch Verbrennungen entstehen durch direkten Kontakt mit Feuer, heißen Gegenständen, heißen Flüssigkeiten, Gasen oder durch Stromunfälle. Auch Säuren und Laugen sind für Verbrennungen verantwortlich.

Anzeichen von Verbrennungen:

- Die Haut ist rot bei Hitzeverbrennungen.
- Die Haut ist weiß bei Laugeverbrennungen.
- Die Haut ist braun bei Säureverbrennungen.
- Das Fell ist angesengt oder fällt aus.
- Die Haut ist stark berührungsempfindlich.
- Die Haut zieht sich zusammen oder fühlt sich glitschig an.
- Es bilden sich Blasen auf der Haut.

Um den Grad einer Verbrennung festzustellen, muss man in Betracht ziehen, wie die Verbrennung entstanden ist. Flüssigkeiten und Feuer verursachen die schlimmsten Verbrennungen. Kochendes Öl ist heißer als kochendes Wasser. Heiße Gase (Wasserdampf) gefährden hauptsächlich die Augen und die Atemwege und heiße Gegenstände (Metalle) verursachen zwar schwere, aber meist nur lokale Verbrennungen.

Je länger das Tier den heißen Gegenständen ausgesetzt ist, umso schwerer und tiefer sind Gewebestrukturen beschädigt. Verbrennungen am Kopf können schwerwiegende Folgen haben, besonders wenn Auge, Maul und Nase mitbetroffen sind. Besonders gefährlich sind Verbrennungen bei Jungtieren und älteren Tieren.

Folgen einer Verbrennung:

- Kreislaufkollaps durch Flüssigkeitsverlust
- Selbstvergiftung des Körpers durch zerstörte Hautfragmente
- Bakterielle Infektionen aufgrund der Zerstörung der Hautschutzfunktion
- Narbenbildung

Erstmaßnahmen:

- Schützen Sie Ihre Hände bei der Behandlung.
- Die betroffene Körperstelle muss sofort unter fließend kaltem Wasser 10–15 Minuten kühlen.
- Nicht auf der Wunde reiben.
- Legen Sie einen Eisbeutel oder Kühlakku, in einem Tuch eingewickelt, auf die Wunde.
- Tupfen Sie die Verletzung mit einem sterilen Tupfer oder einem sauberen Stoff (keine Watte) trocken.
- Verhindern Sie das Lecken des Tieres an der Wunde.
- Suchen Sie den Tierarzt auf.

Ihr Erste-Hilfe-Kasten für den Hund

Die Notfallausrüstung gehört an einen festen Platz, welcher leicht zugänglich ist und am besten in eine Box, die gut transportiert werden kann.

Inhalt:

- Taschenlampe und eine warme Decke
- Fieberthermometer (bruchsicher, elektrisch)
- Wundabdeckung/Mullkompressen, Verbandwatte, Mullbinden, elastische selbsthaftende Binden, Leukoplast

Abb. 72 *Mobiler Erste-Hilfe-Koffer für Profis*

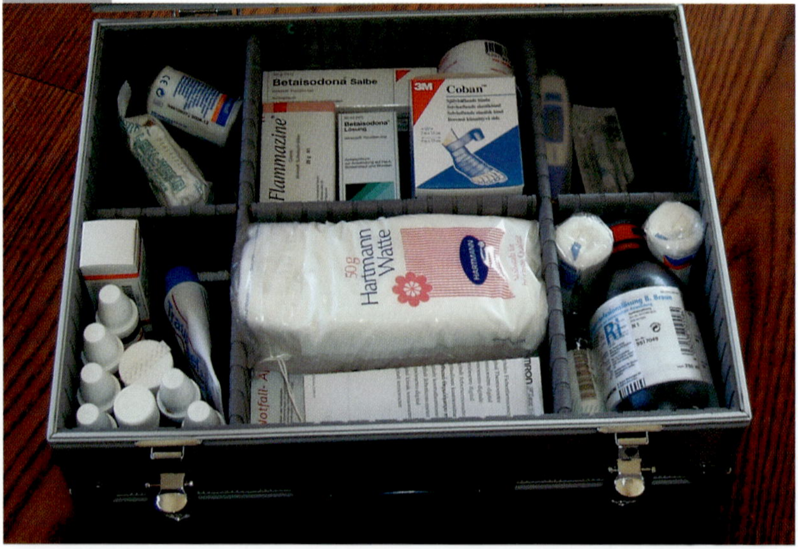

- Desinfizierende Wundsalbe (nur anwenden, wenn sofortiger Tierarztbesuch nicht nötig oder möglich ist)
- Spüllösung für Augen, milde Augensalbe
- Blutstillende Lösung für kleine Wunden
- Antiseptische Seife, Paraffinöl
- Für Allergiker: Kortisontabletten
- Für Epileptiker: Diazepamzäpfchen nach Tierarztanweisung geben
- Dr. Bach-Notfalltropfen
- Pinzette, Verbandschere, Plastik-Einmalhandschuhe, Zeckenzange
- Plastikspritzen (steril verpackt) zum Eingeben und Absaugen bzw. zum Ausspülen (5–20 ml reichen)

Gehen Sie diese Aufstellung bitte nochmals mit Ihrem Tierarzt gemeinsam durch und nehmen Sie individuelle Ergänzungen vor. Es gibt im Tierfachhandel auch Sets zu kaufen. Diese eignen sich z. B. für den Wanderrucksack, um immer bereit zu sein.

WICHTIG

Melden Sie sich bitte zu einem Erste-Hilfe-Kurs für Hunde an.

18 Gesundes Gemüse und Obst sowie giftige Pflanzen für Hunde

! **Gesundes Gemüse und Obst: Obwohl Hunde Fleischfresser sind, brauchen sie wegen den pflanzlichen Eiweißen auch pflanzliche Kost. Der Hund selbst hat jedoch keine passenden Enzyme, um unbehandelte Pflanzenkost gut zu verdauen. Daher ist eine Vorbehandlung von Obst und Gemüse teilweise recht sinnvoll.**

Obst und Gemüse

Gesunde Lebensmittel

- Äpfel und Birne: diese können roh, gerne geraspelt gegeben werden
- Möhren und Karotten: diese können roh, jedoch am besten geraspelt gegeben werden
- Erbsen und Karotten: kochen und pürieren
- Kartoffeln: kochen und zerquetschen
- Zucchini und Salatgurken – können in kleiner Menge roh verfüttert werden
- Bananen
- Erdbeeren und Brombeeren
- Wassermelone

Ich empfehle, durch Obst bzw. Gemüse immer mal wieder das normale Futter des Hundes ein wenig durch Obst und Gemüse aufzupeppen. Somit stimmt auch die Dosierung.

Ungeeignete Lebensmittel

Avocado, Aubergine, Paprika, Knoblauch, Zwiebel, halbrohe Tomaten, Holunderbeeren, Physalis, Sternfrucht, Quitten, Orangen, Ananas, Mandarinen, Zitronen, Samen von Stein- und Kernobst.

Bitte verzichten Sie ebenfalls auf Rosinen und Weintrauben – hier führen bereits 11 g je kg Körpergewicht des Hundes zu Vergiftungen.

Giftige Pflanzen

Etwa zehn Prozent aller Vergiftungserscheinungen bei Hunden sind auf giftige Pflanzen zurückzuführen. Ist das zentrale Nervensystem betroffen, können Krämpfe und Bewusstseinsstörungen auftreten. Wird das Herz-Kreislaufsystem angegriffen, kann es zu einer schweren Schock-Symptomatik kommen, an der die Hunde schnell sterben können.

Welpen knabbern gern an allen Grünpflanzen im Zimmer, auf dem Balkon oder Terrasse sowie im Garten. Oft reicht es sogar, dass das Blumenwasser getrunken wird, in dem sich ggf. schon giftige Substanzen befinden (z. B. Blumendünger) oder das bereits giftige Substanzen der Pflanzen aufgenommen haben kann.

Giftige Zimmerpflanzen

Alpenveilchen (Cyclamen persicum), Ficus Arten (Ficus spp) inkl. Feigenbaum (Ficus carica), Gummibaum (Ficus elastica), Birkenfeige (Ficus benjamini), Banyanbaum (Ficus benghalensis), Bobaum (Ficus religiosa), Geigenfeige (Ficus lyrata), Kletterficus (Ficus pumila), Ficus diversicola und Ficus magnolioides Christdorn, Stechplame (Ilex aquifolium) als Weihnachtsdeko, Dieffenbachie (Dieffenbachia), Drudenfuß (Mistelzweig zu Weihnachten!) – (Viscum album), Einblatt (Spathiphyllum floribundum), Fensterblatt (Monstera deliciosa), Flamingoblume (Anthurium scherzerianium), Klivie (Clivia miniata), Korallenbaum, -kirsche, -strauch (Solanum pseudocapsicum), Kroton, Wunderstrauch, Krebsblume (Codiaeum variegatum), Philodendron (Philodendron ssp.), Weihnachsstern (Euphorbia pulcherrima), Zimmerkalla (Zantedeschia aethiopica).

Giftige Garten- und Wildpflanzen

Alpenrose, Azalee (Rhododendron spp.), Adonisröschen (Adonis vernalis), Akelei (Aquilegia vulgaris), Alfalfa, Luzerne (Medicago sativa), Amaryllis, Ritterstern (Hippeastrum spp.), Anemone (Anemone nemorosa), Aronstab (Arum maculatum), Blauregen (Wisteria sinensis), Buchsbaum (Buxus sempervirens), Christdorn, Stechpalme (Ilex aquifolium), Clematis, Waldrebe (Clematis spp.), Eibe (Taxus baccata), Engelstrompete (Beaucarnea und Datura suaveoleons), Efeu (Hedera helix), Fingerhut (Digitalis pururea), Fliegenpilz (Amanita muscaria), Geissblatt (Lonicera xylosteum), Ginster (Cytisus spec.), Goldregen (Laburnum anagyroides), Heliotrop, Vanilleblume (Heliotropium arborescens; Heliotropium peruvianum), Herbstzeitlose (Colchicum autumnale), Hortensie (Hydrangea ssp.), Hyazinthe (Hyacinthus orientalis), Iris, Sumpf-Schwertlilie, Wasserlilie (Iris pseudacorus), Kirschlorbeer, Zierlorbeer (Prunus laurocerasus), Lebensbaum (Thuja occidentalis), Maiglöckchen, Maiblume (Convallaria majalis), Narzissen (Narcissus spp.), Osterglocke, gelbe Narzisse, falsche Narzisse (Narcissus pseudonarcissus), Oleander (Nerium oleander), Pfaffenhütchen (Euonymus europaea), Rittersporn (Delphinium consolida), Schneeglöckchen (Galanthus nivalis), Tollkirsche (Atropa belladonna), Tulpe (Tulipa spp), Zypressenwolfsmilch (Euphorbia cyprissias).

Geben Sie Ihrem Tier auf keinen Fall Milch, Öl oder Eiweiß nach einer möglichen Vergiftung. Diese Stoffe helfen vielen Giften, noch schneller in den Organismus zu gelangen.

!

Giftnotrufzentrale für Tiere
Sie gibt es in Deutschland nicht. Die allgemeinen Notrufzentralen beantworten jedoch die Fragen zu Tiervergiftungen.
Diese erreichen Sie telefonisch unter 030-19240.

Diese Liste ist bei Weitem nicht vollständig. Weitergehende Informationen finden Sie z. B. im Internet unter Institut für Veterinärpharmakologie und -toxikologie.

19 Der Bewegungsapparat

Das Skelett- und Muskelsystem

Als Bewegungsapparat bezeichnet man die Gesamtheit jener Organe, die im Körper die notwendige Stabilität und die Voraussetzung zu spontanen Bewegungen verleihen. Wir unterscheiden das Skelettsystem und das Muskelsystem. Die Gesamtheit des Skelettes dient der Fortpflanzung und dem Schutz der Organe wie Rückenmark, Gehirn und Organe des Brustraumes.

Die Knochen weisen unterschiedlichste Formen auf. Es gibt Röhrenknochen, platte Knochen, kurze Knochen und verschiedenartig geformte Knochen. Knochen sind durch das in der Markhöhle befindliche Knochenmark an der Blutbildung beteiligt. In ihnen findet ein reger Stoffaustausch statt. Knochenzellen sorgen für einen ständigen Umbau des Knochens, damit er sich den Erfordernissen der Beanspruchung anpassen kann. Verminderte Beanspruchung bedeutet vermehrten Abbau, umgekehrt führt vermehrte Beanspruchung zu stärkerem Aufbau!

Die Knochen des Skeletts sind mit unechten Gelenken (Bändern, Muskeln und Knorpeln) und echten Gelenken miteinander verbunden.

Abb. 73 *Gelenkaufbau*

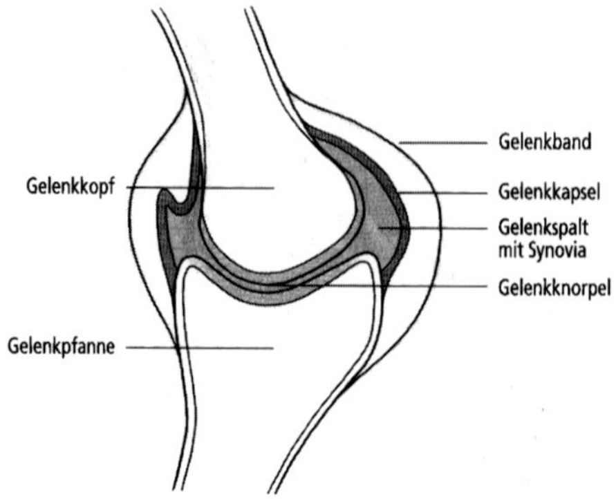

Echte Gelenke bestehen aus zwei oder mehreren knorpelig bedeckten Knochenenden, dem Gelenkspalt, der Gelenkkapsel und der von der inneren Kapselschicht gebildeten Gelenkschmiere. Sie hält die Knorpelschicht der Gelenkflächen feucht und sorgt so für ausreichende Gleitfähigkeit und verringert die Reibung.

Das Skelett des Hundes

Wirbelsäule

Die Wirbelsäule nimmt in ihrem Wirbelkanal das Rückenmark auf und schützt es. Sie dient der Statik und Dynamik des Körpers und gibt eine hohe Festigkeit und Tragfähigkeit. Gleichzeitig ist eine gewisse Elastizität wichtig, welche durch Wirbelgelenke und Zwischenwirbelscheiben erreicht wird.

Abb. 74 *Wirbelsäule*

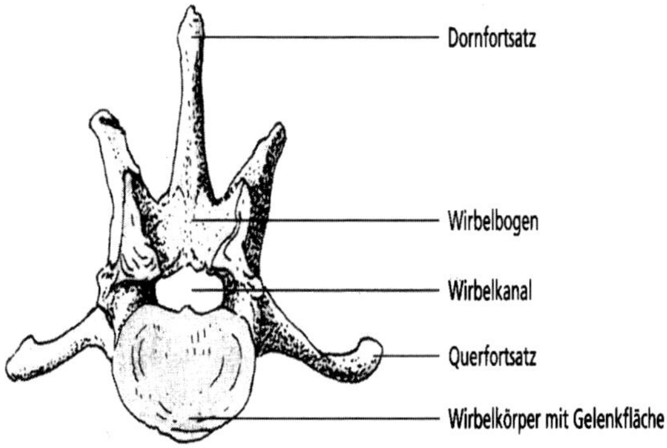

Brustkorb

Der Brustkorb wird von den Brustwirbeln, den Rippen und dem Brustbein gebildet. Die Rippen (13 Rippenpaare) setzen gelenkig an den Wirbeln an und wölben sich zu einem tonnenförmigen Raum (für Herz und Lunge).

Vordergliedmaßen

Das Schulterblatt setzt sich beim Haustier nicht knöchern an, sondern steht durch starke Muskelpartien mit dem Rumpf in Verbindung. Im Schultergelenk ist das Schulterblatt mit dem Oberarm-

Abb. 75 *Das Skelettsystem beim Hund*

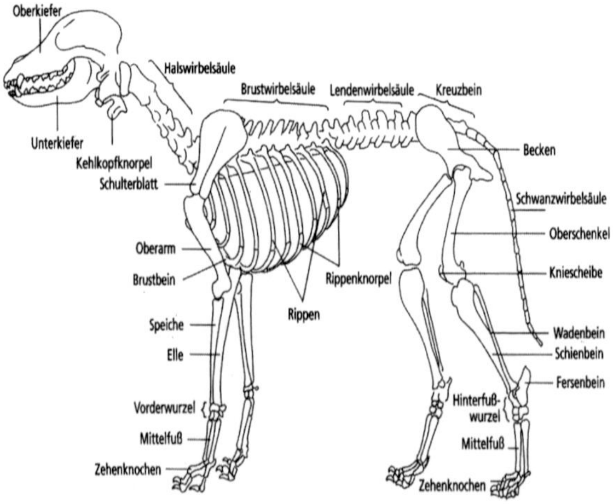

knochen verbunden. Das Ellenbogengelenk verbindet Oberarm und Unterarm. Der Unterarm besteht aus Elle und Speiche. Diese Knochen bilden die Gelenkfläche für die Vorderfußwurzel (beim Mensch ist es das Handgelenk).

Hintergliedmaßen (Beckengliedmaßen)

Das Becken besteht jederseits aus drei Knochen (Darmbein, Schambein und Sitzbein). Alle drei Knochen haben Anteil an der Gelenkpfanne des Hüftgelenks. Der Oberschenkelknochen ist der stärkste Röhrenknochen des Skeletts. Die Kniescheibe ist eingelagert in die große Sehne des Kniegelenkstreckers. Da die Gelenkflächen des Kniekehlgelenks nicht deckungsgleich zueinander passen, sind innen und seitlich je eine halbmondförmige Knorpelscheibe (Meniscus) zwischengeschoben. Schienbein und Wadenbein bilden den Unterschenkel. An sie schließt die Hinterfußwurzel an. Diese besteht aus drei Reihen kleiner Knochen, welche miteinander zum Sprunggelenk verbunden sind. Der Aufbau des Hintermittelfußes ähnelt dem des Vorderfußes.

Unterschieden werden willkürliche und unwillkürlichen Muskeln. Zu den unwillkürlichen Muskeln gehören alle Muskeln, die nicht durch den Willen zu beeinflussen sind, wie z.B. die Eingeweidemuskulatur und die Herzmuskulatur.

Abb. 76 *Aufbau der Hintergliedmaßen*

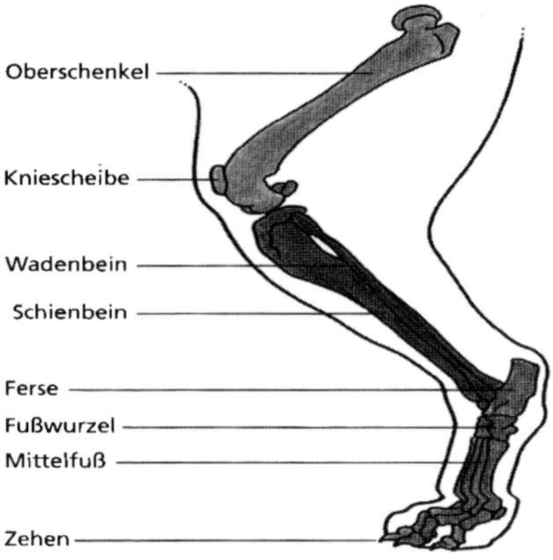

Die Knochen liefern die Hebelarme für die gesamte Fortbewegung der Tiere und verhalten sich dabei völlig passiv. Erst durch die Zusammenarbeit mit den Muskeln wird eine Bewegung möglich.

Der Hund ist am ganzen Körper mit Muskeln überzogen. Sie liegen in verschiedenen Lagen übereinander. Wir können mit bloßem Auge nur die oben liegende Muskulatur sehen oder diese ertasten.

Die Muskeln

Die Muskeln bewegen und stützen die Glieder. Die Bewegung ist nicht immer die Leistung eines einzelnen Muskels, sondern das Zusammenspiel mehrerer Muskeln. Sie werden als Muskelgruppe mit gemeinsamen Aufgaben zusammengefasst.

Aufbau des Muskels

Ein Muskel besteht aus mehreren Muskelfasern, welche mit Hilfe einer Bindegewebshülle gebündelt werden. Mehrere Muskelfaserbündel zusammen ergeben dann den eigentlichen Muskel. Die äußere, straffe, bindegewebige Muskelhülle ist die Faszie. Sie stellt einen Führungsschlauch für den Muskel dar und sorgt auch beim erschlafften Muskel für die richtige Lage. Jede Muskelfaser setzt sich in einer feinen Endsehne fort, welche sich zu Sehnensträngen vereinen, mit denen sich die Muskeln am Knochen festsetzen.

Muskeln, die längere Zeit nicht oder nur wenig beansprucht werden, bilden sich zurück!

Abb. 77 *Das Muskelsystem beim Hund*

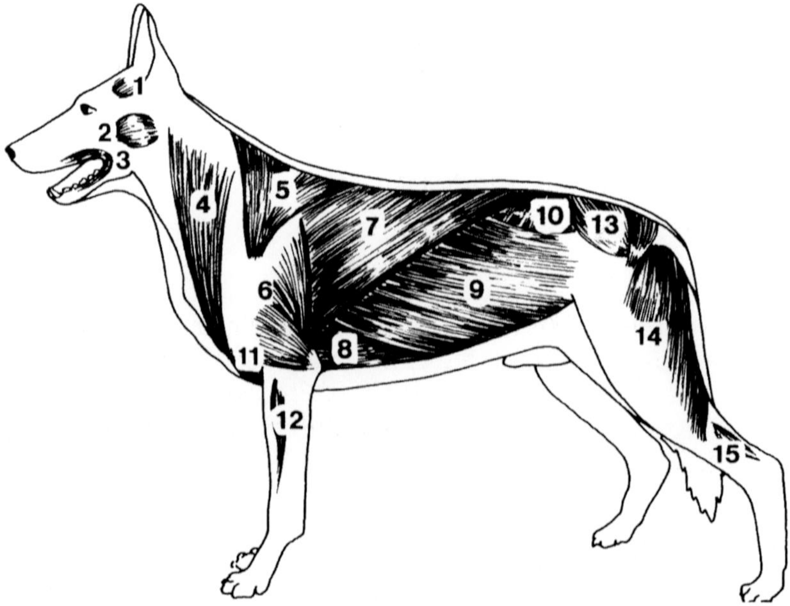

1 = Schläfenmuskel
2 = Kaumuskel (Masseter)
3 = Ober- und Unterlippenmuskel
4 = breiter Halsmuskel
5 = trapezförmiger Halsmuskel
6 = dreiköpfiger Armmuskel
7 = sehr breiter Rückenmuskel
8 = tiefer Brustmuskel
9 = äußerer, schiefer Bauchmuskel
10 = innerer, schiefer Bauchmuskel
11 = Oberarmmuskel
12 = gemeinsamer Zehenstrecker
13 = mittlerer Gesäßmuskel
14 = zweiköpfiger Oberschenkelmuskel
15 = oberflächlicher Fußbeuger

Auslösen der Muskelreaktionen

Neben chemischen Vorgängen laufen bei einer Muskelkontraktion auch elektrische Vorgänge ab. Die Impulsübertragung geschieht über die motorische Endplatte der Nervenfasern. Seine Energie nimmt der Muskel aus der im Stoffwechsel verarbeiteten Nahrung (Fett und Glucose). Bei Überbelastung kann eine „Sauerstoffschuld" auftreten. D. h. dass der Verbrennungsvorgang, der die Ernährung des Muskels herbeiführen soll, nicht ausreichend ist, weil der nötige Sauerstoff fehlt. Es kommt zu Milchsäurehäufung und der Muskel ermüdet.

Die Leistungsfähigkeit kann nur durch ständiges Training des gesamten Organismus erhalten bleiben!

Man unterscheidet auch zwischen weißen und roten Muskelzellen, welche für den Bewegungstyp verantwortlich sein können.

Weiße Muskelzellen sehen hell aus und sind zu rascher Kontraktion fähig, ermüden jedoch schnell durch einen raschen Energieverbrauch (100-Meter-Läufer).

Rote Muskelzellen sehen dunkel aus, sie kontrahieren langsamer, sind allerdings auch zu Dauerleistung fähig (Marathonläufer). Es kommen beide Arten von Muskelzellen in einer Muskelfaser vor.

Die Krankheiten der Muskulatur und des Bewegungsapparates

Verspannungen

Der Muskel zieht sich als Schutzreaktion vor einem Trauma zusammen und die verspannte Muskelfaser kann nicht mehr arbeiten. Die Arbeit wird dann von anderen Muskelfasern übernommen und irgendwann ist dadurch der gesamte Muskel von der Verspannung betroffen.

Muskelkrampf

So wird die starke Verspannung der Muskulatur genannt. Ursachen können Elektrolytmangel, Durchblutungsstörungen, Unterkühlungen, Stoffwechselstörungen oder lokale Überanstrengung sein.

Muskelhartspann

Muskelhartspann bedeutet eine erhöhte Muskelspannung. Durch die Reizung des Muskels oder der Nervenversorgung entstehen Muskelschmerzen. Als Ursache kommen z. B. degenerative Gelenkserkrankungen, Mikrotraumata durch Fehl- oder Überbelastung und Zugluft in Frage.

Myogelose

Sie ist ein druckschmerzhafter Knoten in der Muskulatur.

Verklebungen und Verquellungen

Sie entstehen durch mangelnde Bewegung und Durchblutung. Es handelt sich um Eiweißausscheidungen oder Ödeme in der Muskelfaser bzw. im Zwischengewebe. Die Mikrozirkulation ist unterdrückt und die Schmerzrezeptoren werden gereizt.

Muskelriss

Der Schutzreflex hat nicht mehr funktioniert. Ursachen können Traumata wie Schnitt, Stich, Quetschung oder plötzliche, maximale Kontraktionen des Muskels sein. Zu frühe Belastungen hinterlassen oft Vernarbungen und Verklebungen.

Muskelzerrungen

Sie sind schmerzhafte Überdehnung oder leichte Einrisse in der Muskelfaser. Die Folge ist ein Funktionsausfall. Die Schonhaltung wird nun notwendig.

Muskelkater

Dabei schmerzt die geschwollene Muskulatur bei Druck und bei Bewegung.

Hüftgelenksdysplasie (HD)

Die Hüftgelenksdysplasie definiert ausschließlich eine Fehlbildung des Hüftgelenks. Symptome wie Bewegungseinschränkung oder Schmerzen müssen nicht vorhanden sein.

Die Erkrankung ist meist erblich bedingt, aber auch Faktoren wie Ernährung, Umwelteinflüsse, Haltung und körperliche Belastung spielen eine Rolle.

Der Oberschenkelkopf passt aus verschiedenen Gründen nicht mehr exakt in die Hüftpfanne. Der Kopf ist pilzförmig oder zu flach, um tief in der Pfanne richtig zu sitzen. Auch die Gelenkpfanne kann nicht richtig ausgebildet sein und abgeflachte Ränder haben, wodurch wiederum kein fester Halt für den Gelenkkopf gegeben ist.

Symptome sind Schmerz mit Lahmheit und Schwierigkeiten beim Aufstehen. Ebenso ermüdet der Hund schnell und das Becken ist asymmetrisch schief. Ein steifer Gang ist ebenso ein Anzeichen für die HD.

Muskelathrophie (Muskelschwund) des Hinterlaufs und Muskelhypertonus (Verspannungen) an Lenden- und Hüftmuskulatur sind für die HD auch kennzeichnend.

Therapie:

Grundsätzlich steht die Schmerzlinderung bzw. Schmerzfreiheit im Vordergrund.

In stärkeren Fällen kann eine OP helfen. Unterstützend sollte eine Massage der überbelasteten und verspannten Muskulatur erfolgen, was zu einer effektiven Schmerzlinderung beiträgt. Wärme wirkt auch hier entspannend. Für entsprechenden Muskelaufbau kann durch Schwimmen und Querfeldeinlaufen gesorgt werden.

Arthrose

Die Arthrose bezeichnet eine Veränderung eines oder mehrerer Gelenke. Sie ist eine Verschleißerkrankung, die „ganz normal" für ein altes Gelenk ist. Es gibt allerdings noch andere Ursachen, die zu einer Arthrose führen können, wie beispielsweise die HD oder eine fehlerhafte Gelenkstellung sowie Über- oder Fehlbelastungen.

Der Gelenkknorpel baut sich ab und verschmälert sich. Letztendlich folgt die Veränderung am Knochen. Knochenanbauten entwickeln sich, die Gelenkkapsel wird unelastisch und verliert ihre Fähigkeit als Schutz und Stoffwechselorgan.

Symptome sind Anlaufschmerzen sowie Schmerzen beim Wetterumschwung und bei nasskaltem Wetter. Leichte bis hochgradige Lahmheit, Bewegungseinschränkung, Muskelrückbildung und Muskelverspannungen sind ebenso Anzeichen für eine Arthrose.

Die Therapie ist ähnlich der der HD. Zusätzlich sollte darauf geachtet werden, dass der Hund lieber weniger und dafür längere Spaziergänge hat, da bei vielen kleineren Ausläufen jedes Mal ein Anlaufschmerz vorhanden ist.

Spondylose

Bei der Spondylose entstehen brückenartige Zubildungen an den Wirbelkörpern. Diese können zur vollständigen Überbrückung des Zwischenwirbelspaltes führen. Degenerative Veränderungen an den Bandscheiben begleiten die Spondylose.

Symptome sind starke Bewegungseinschränkung der Wirbelsäule durch Knochenzubildungen, ein verspannter Gang, Schmerzempfindlichkeit, hochgradige Verspannung der Rückenmuskulatur mit aufgekrümmtem Rücken sowie Harn- und Kotinkontinenz.

Therapie:

Wärme in jeglicher Form (Kirschkernkissen, Rotlicht) sowie Massage der verkrampften Rückenmuskulatur. Hier sollte eine professionelle Krankengymnastik durchgeführt werden!

Bandscheibenvorfall

Beim Bandscheibenvorfall wird unterschieden, ob ein vollständiger Bandscheibenvorfall (Bandscheibenkern ist in den Wirbelkanal vorgefallen) oder ein unvollständiger Bandscheibenvorfall (Ring der Bandscheibe bringt Druck auf das Rückenmark) vorliegt.

Symptome sind akuter Schmerz, evtl. Lähmungserscheinungen, Harninkontinenz, Kotinkontinenz, ein aufgekrümmter Rücken sowie Koordinationsprobleme.

Die Gangarten

Schritt

Der Schritt ist die langsamste Bewegungsart. Der Hund bleibt am engsten mit dem Boden verbunden. Die vier Gliedmaßen bewegen sich eine nach der anderen, wobei zwei oder drei Gliedmaßen den Körper unterstützen.

Trab

Der Trab ist ein Zwei-Takt-Gang und der einfachste von allen. Eine Diagonale nach der anderen wird bewegt. Die linke Vorderhand und die rechte Hinterhand bewegen sich gleichzeitig nach vorn, bis sie von der rechten Vorderhand und linken Hinterhand abgelöst werden. Es gibt keine starken Seitwärtsbewegungen von Kopf oder Rumpf. Der Schwerpunkt wird dabei nach vorne geworfen, anders als beim Schritt, wo er nach vorne geschoben wird.

Pass

Der Pass ist eine abweichende Zwei-Takt-Gangart. Der Körper schwingt beim Gehen hin und her, da er das gleichseitige Gliedmaßenpaar gleichzeitig nach vorne schwingt. Diese Gangart muss nicht unbedingt krankhaft bedingt sein, sollte allerdings ein Anhaltspunkt sein!

Galopp

Im Galopp wird der Körper des Hundes nicht mehr nach vorne geschoben oder geworfen, sondern mit großer Kraft und Schnelligkeit vorwärtsgeschleudert, wobei die Gliedmaßen und der ganze Körper zusammenarbeiten.

Der Hundekörper wird mit enormer Schwungkraft von der Hinterhand auf die Vorhand verlagert. Der Rumpf ist jetzt aktiv beteiligt und hat zudem noch eine dynamische Funktion. Dazu gehören eine bewegliche Wirbelsäule und ausgezeichnete Bemuskelung. Nachdem die Vorderbeine die ganze Wucht des Körpers federnd abgefangen haben, werden die Gelenke gestreckt und gehen vom Stützen in das Stemmen über und bringen den Körper weiter nach vorn. Hohe Anforderungen werden so an den gesamten Körper gestellt! Das Körpergewicht wird durch die Schwungkraft noch erhöht und beim Aufkommen nur von zwei oder sogar von einem Bein aufgefangen.

Der Hund kann ohne große Überlegungen, ganz nach Lust und Laune, fließend von einer Gangart in die andere überwechseln.

20 Die Massage für den Hund

Die meisten Hundebesitzer beginnen mit der Hundemassage bzw. Krankengymnastik erst, wenn ihr Liebling schon ein Problem hat. Dabei kann man schon viel früher positiv auf die Gesunderhaltung seines Hundes einwirken.

Jeder, der Massage einmal selbst bekommen hat, weiß, wie wohltuend, entspannend und schmerzlindernd sie ist. Zudem lernt man seinen Hund besser kennen, vermittelt ihm ein besseres Körpergefühl, Sie können schon bestehende Verspannungen lösen und bestimmte Krankheiten früher erkennen.

Die Streicheleinheiten können unseren Hunden dabei helfen, ausgeglichener und dadurch auch gehorsamer zu werden. Sie bauen dadurch Stress ab und zeigen durch die Entspannung weniger unerwünschte Verhaltensweisen. Ebenso bedeutet es für den Hund wertvolle Beziehungsarbeit. Der Kontakt, auch Kontaktliegen, zum Hund setzt „Bindungshormone“ frei, welche dafür sorgen, dass der Hund sich noch enger an Sie anschließt.

Voraussetzung dafür ist jedoch die richtig gewählte Massagetechnik. Jeder Hundebesitzer kann die Massagetechniken erlernen und erfolgreich anwenden.

Sorgen Sie während des Kontakts bzw. der Massage für eine ruhige und entspannte Umgebung.

Die Wirkungen der Massage

- Auspresseffekt im Bereich von Venen und Lymphgefäßen
- Vermehrte Ausschwemmung von Flüssigkeit aus dem Gewebe
- Lösung von Verklebungen, Narbengewebe, Mikrotraumen
- Senkung oder Steigerung des Muskeltonus
- Deutlicher Anstieg der Durchblutung und Temperatur
- Ausschwemmung von schmerzauslösenden Stoffen
- Aktivierung der Schmerzhemmungsmechanismen im Gehirn und Rückenmark
- Entspannung, Beruhigung

- Verbesserung des Körpergefühls
- Förderung des Körperbewusstseins
- Vitalitätssteigernder Effekt

Wann benutze ich Wärme?

- Bei Skeletterkrankungen
- Bei chronischen Verschleißerkrankungen (Arthrose)
- Bei Schmerzen und Muskelverspannungen
- Bei Nervenerkrankungen
- Bei Vorbereitungen zur eigentlichen Massage

Wann benutze ich Kälte?

- Bei Entzündungen
- Bei Schwellungen und Blutergüsse
- Bei Schmerzzuständen
- Bei Verbrennungen
- Bei Prellungen

Die Massage sollte auf der rechten Körperseite begonnen werden, da so das Herz einer nicht so starken Belastung unterliegt. Zudem sollte man darauf achten, bei vorhandenen Problemen immer schmerzfern zu beginnen.

Grifftechniken der klassischen Massage

Streichung

Die Streichungen werden immer am Anfang und am Ende einer Massage gemacht. Sie werden vom Hund als wohltuend und entspannend empfunden. Streichungen werden jedoch auch zwischen den einzelnen Massagegriffen angewandt und dienen zur Kontaktaufnahme.

Die Haut und Muskulatur werden erwärmt, gleichzeitig werden Flüssigkeitsansammlungen im Gewebe ausgepresst und abtransportiert. Am besten liegt der Hund dabei entspannt auf der Seite.

Streichungen werden mit der flachen Hand ausgeführt. Diese gleitet großflächig und mit gleich bleibendem Druck über den Körper und der Druck sollte intensiv aber weich sein und keine Schmerzen verursachen. Beginnen Sie am Kopf und streichen Sie in Fellrichtung

Abb. 78 *Streichungen sind sehr wohltuend*

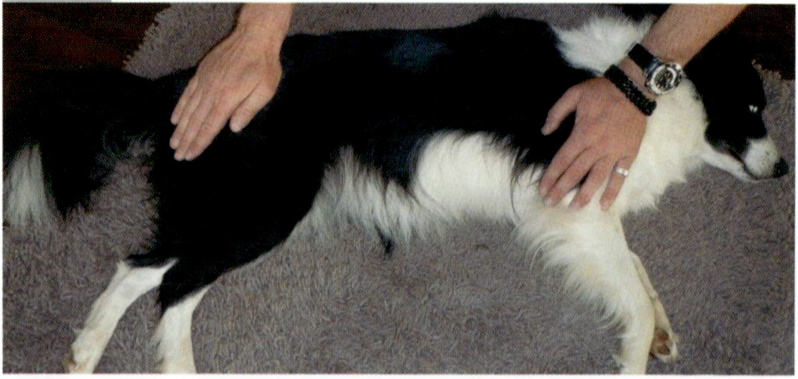

Richtung Schwanzspitze. Eine Hand sollte die andere Hand ablösen, somit verlieren Sie nie den Kontakt zum Tier. Streichen Sie nun vom Kopf über den Brustkorb die Beine hinunter und anschließend vom Kopf über den Brustkorb, den Bauchraum bis zu den Hinterbeinen.

Knetung

Die Knetung gehört zu den sanfteren Massagetechniken. Ziel ist es, Lockerungen und Lösungen von Verklebungen und Verspannun-

Abb. 79 *Knetung*

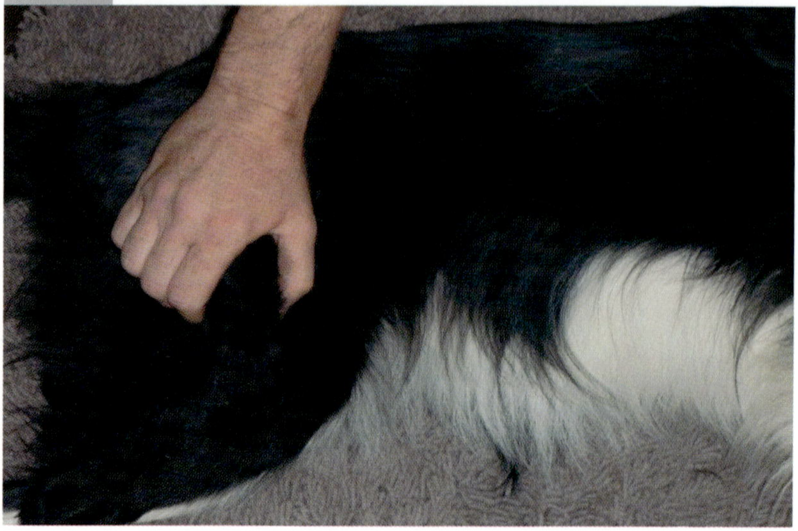

gen der Haut und Muskulatur in und zwischen den Gewebeschichten herbeizuführen.

Die Knetung regt den Lymphfluss und Muskelstoffwechsel an. Je nach Intensität kann Muskeltonus auf- oder abgebaut werden. Durch die Reizsetzung in den Rezeptoren wird auch die Körperwahrnehmung des Hundes gefördert.

Daumenknetung

Beide Daumen liegen nebeneinander und bewegen sich halbkreisförmig mit leichtem Druck nach außen. Die Bewegung kann gleichzeitig oder abwechselnd ausgeführt werden.

Einhandknetung

Die Hand liegt flach auf dem Körper, der Daumen ist dabei abgespreizt. Man bewegt nun den Daumenballen in Richtung Finger und knetet somit die Haut bzw. Muskulatur.

Knetungen am Rücken

Die Hände liegen nebeneinander auf einer Seite der Wirbelsäule. Man erfasst mit den Daumen die Haut und windet sie S-förmig in Fellrichtung am Rücken entlang. Bei tieferen Knetungen kann auch der Muskel mit erfasst werden.

Die Wirbelsäule selbst darf nie massiert werden. Alle Techniken dürfen nur links und rechts der Wirbelsäule ausgeführt werden!

Rollung

Rollungen dienen zum Lösen von Verklebungen. Diese treten besonders im Hüft- und Wirbelsäulenbereich auf. Hierbei ist die Haut schlechter oder kaum noch von dem unteren Gewebe zu lösen. Dadurch entstehen Minderdurchblutungen der darunterliegenden Muskulatur, was zu Verspannungen führen kann.

Bestehende Verspannungen können sich nicht lösen und sorgen für eine stärkere Minderdurchblutung, was wiederum zu weiteren Verklebungen führt.

Beginnen Sie am Hals und nehmen Sie mit beiden Händen eine Hautfalte zwischen Daumen und die anderen Finger. Die Hände liegen nebeneinander quer zur Wirbelsäule. Versuchen Sie nun mit

Abb. 80 *Rollung*

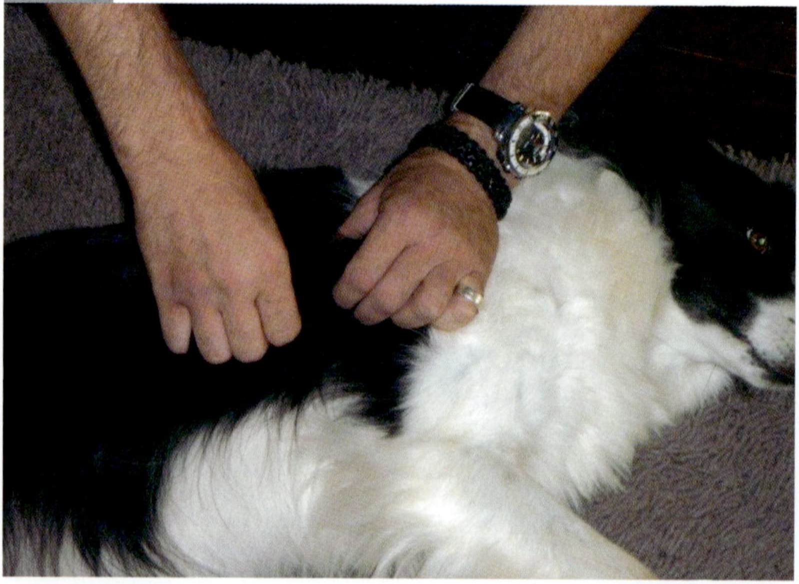

den Daumen die Hautfalte vorsichtig in Richtung Schwanz zu schieben. Dabei laufen die anderen Finger nur mit. Achten Sie darauf, den Hund nicht zu zwicken!

Die Hautrolle sollte vom Hals bis zum Schwanz gerollt werden können. Verliert man die Haut oder ist sie überhaupt nicht ablösbar, sind Verklebungen vorhanden. Durch immer wiederkehrendes Nachfassen an derselben Stelle und mehrmaliges Darüberrollen werden die Verklebungen langsam gelöst. Dies sollte nun ca. 4-mal wiederholt werden.

Rollungen können am ganzen Körper durchgeführt werden, dabei ist es wichtig, immer in Fellrichtung zu rollen!

Vibrationen/Schüttelung

Die rein entspannende und muskelrelaxierende Wirkung der Vibration kann zwischen den anderen Massagegriffen eingesetzt werden.

Die Hand wird flach an Muskelpartien aufgesetzt und mit kleinen Vibrationen bewegt. Diese Technik erfordert etwas Übung und Geschicklichkeit.

Bei einer Schüttelung werden die Gliedmaßen oberhalb der Pfote umfasst und mit leichtem Zug in der Längsachse leicht ge-

Abb. 81 *Schüttelung*

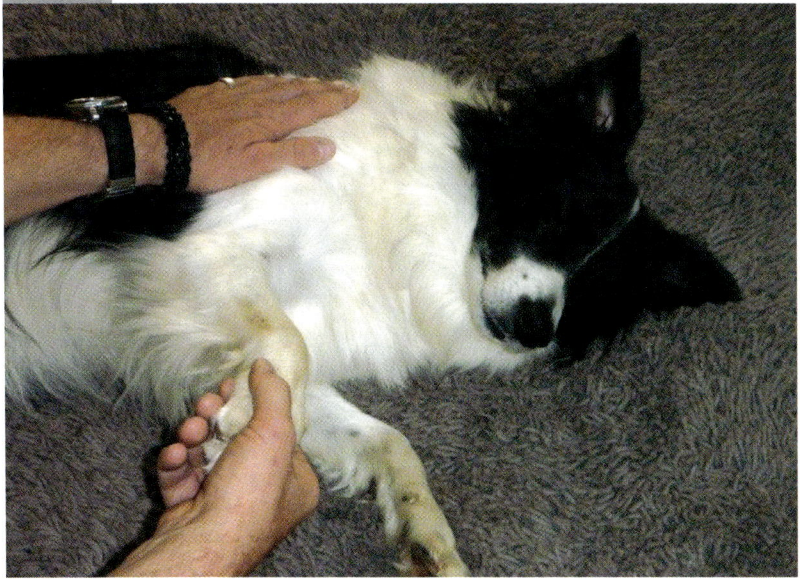

schüttelt. Dies tut dem Hund z. B. bei einer Arthrose sehr gut. Achten Sie darauf, dass die Gliedmaßen gestützt sind und nicht auf dem Boden hin und her geschleudert werden.

! **Bei einer Massage gibt es keinen vorgeschriebenen Ablauf, wichtig ist, die Streichung am Anfang und Ende durchzuführen. Dazwischen können die einzelnen Griffe beliebig angewandt werden. Es können auch Hilfsmittel wie ein Igelball und Bürsten eingesetzt werden.**

21 Die Hundepflege

Pflegetipps

Wenn im Frühling und im Herbst der Fellwechsel stattfindet, muss der Hund jeden Tag gekämmt und/oder gebürstet werden. Ziel ist es, die alten, abgestorbenen Haare zu entfernen, damit die Haut wieder atmen und das neue Fell nachwachsen kann.

Die tägliche Fellpflege hat den Vorteil, dass Sie Verletzungen oder Zecken sehr zeitnahe entdecken und somit rechtzeitig handeln können.

Es ist wichtig, bereits den Welpen von klein auf an die tägliche Fellpflege (Bürsten & Kämmen) zu gewöhnen. Spielerisch wird hierfür für kurze Zeit ein wenig gebürstet und gekämmt.

Abb. 82 *Spieglein, Spieglein an der Wand, wer ist der schönste Hund im ganzen Land*

Die unterschiedlichen Fell-Typen

Rauhaar (z. B. Terrier, Schnauzer, Rauhaardackel, Border Terrier)

Die Haare werden in der Regel getrimmt – das heißt, dass die Haare mit einem stumpfen Trimmmesser ausgezupft werden. Diese Prozedur sollte auf jeden Fall schon mit dem Welpen geübt werden.

Drahthaar (z. B. Deutsch Drahthaar und viele andere Vorstehhunde)

Die Pflege ist sehr unspektakulär. Es reicht aus, das Fell zweimal in der Woche mit einem Terrierstriegel durchzubürsten, um die abgestorbenen Haare aus dem Fell zu holen. Die Körperkonturen können mit einer Effilierschere besser zum Ausdruck gebracht werden.

Glattes Langhaar (z. B. Afghane, Langhaardackel, Barsoi und manche Retriever)

Das Fell benötigt viel Pflege und der Hund sollte täglich gebürstet werden, da sich in den langen Haarsträhnen alles verfängt.

Raues Langhaar (z. B. Bobtail, Briards, Collies, Bearded Collies)

Das Hundefell sollte oft, gerne auch mehrmals täglich, gebürstet werden. Es besteht sonst schnell Gefahr, dass das lange Haar mit der dichten Unterwolle verfilzt. Sollte dies eintreten, hilft leider nur das Abscheren des Haarkleides.

Kurzhaar (z. B. Dobermann, Vizla, Mops, Beagle, Kurzhaardackel, Bulldoge)

Die Fellpflege reduziert sich auf das gelegentliche Abreiben mit einem weichen Lappen. Gerne kann auch ein Noppenhandschuh oder eine weiche Bürste eingesetzt werden.

Wollhaar (z. B. Pudel und alle Pudelmixhunde)

Die Haare werden geschoren, um nicht zu verfilzen. Dies sollte in der Regel alle acht Wochen geschehen. Es muss nicht immer die traditionelle Pudelschur sein – immer mehr Pudelhalter lassen ihren vierbeinigen Freund sportlich aussehend mit gleichlanger Haarlänge scheren.

Warme Unterwolle (z. B. Husky, Alaskan Malamute, Eurasier)

Das Fell ist mehrmals wöchentlich mit einer Drahtbürste kräftig durchzuarbeiten, um einer Verfilzung vorzubeugen. Das Fell sollte nicht geschoren werden, da sonst die wärmende Schutzfunktion Schaden nimmt. Im Sommer kann der Frisör die Unterwolle mit einer speziellen Bürste herausnehmen, ohne das Deckhaar zu kürzen. Somit wird auch der europäische Sommer für die Polarhunde erträglicher.

Bürsten, Kämme und sonstige Pflegeprodukte lassen Sie sich bitte durch den Fachhandel empfehlen. Die Gefahr, das falsche Werkzeug für die individuelle Fellpflege zu benutzen, ist immer groß.

Lassen Sie sich einen Hundefrisör (auf Neudeutsch Groomer) in Ihrer Stadt empfehlen. Dieser wird Ihnen gerne im persönlichen Gespräch weitere Tipps zur Fellpflege Ihres Lieblings geben.

Durch das Kämmen wird nicht nur Schmutz entfernt, sondern es wird auch die Durchblutung der Hundehaut gefördert. Das Haarwachstum und die Regeneration wird ähnlich wie bei uns Menschen unterstützt.

Wenn der Hund Hängeohren hat, sollte der äußere Gehörgang regelmäßig mit einem Wattebausch und klarem Wasser oder ein wenig Babyöl gereinigt werden, um Entzündungen zu verhindern.

Die Hundeaugen benötigen in der Regel keine besondere Pflege. Sie sollten jedoch darauf achten, dass keine Haare ins Auge hängen, da diese das Auge reizen und es leicht Entzündungen gibt. Bei Rötungen der Bindehaut, vermehrtem Tränenfluss oder eitrigem Ausfluss suchen sie bitte Ihren Tierarzt auf.

Vor allem bei kleinen Hunderassen ist es hin und wieder notwendig, die Krallen zu schneiden. Dafür benötigt man eine spezielle Krallenschere, die im Fachhandel erhältlich ist. Achten Sie darauf, dass die inneren Blutgefäße der Krallen nicht verletzt werden. Normalerweise pflegen sich die Krallen von selbst. Durch das Laufen auf festem Untergrund (asphaltierte Straßen) wetzen sie sich von alleine auf die richtige Länge ab.

Im Winter sollten bei allen Hunden, welche Kontakt mit Streusalz haben, die Ballen gepflegt werden. Das Salz reizt den Hundeballen und es bilden sich Risse. Waschen Sie dem Hund nach dem Spazierengehen einfach die Pfoten mit klarem Wasser und trocknen Sie die Ballen dann gründlich ab. Wenn sich dennoch Risse oder Wunden bilden, dann lassen Sie sich von Ihrem Tierarzt oder in Ihrem Fachgeschäft einen speziellen Pfotenbalsam empfehlen.

Spezielle Kauartikel gegen Zahnstein verringern die Neubildung. Sie können dem Hund täglich mit einer im Fachhandel erhältlichen speziellen Hundezahnpasta die Zähne putzen. Eine Zahnsteinbehandlung nimmt jeder Tierarzt vor. Fragen Sie einfach nach.

Baden Sie Ihren Liebling bitte nicht regelmäßig, da dies den pH-Wert der Haut kaputt macht. Sollte sich Ihr Hund jedoch in Fuchskot oder sonst etwas super Übelriechendem gewälzt haben, dann verwenden Sie für das Vollbad bitte ein spezielles Welpen- bzw. Hundeshampoo. Nach dem Shampoonieren muss das Waschmittel jedoch mit reichlich Wasser ab- und ausgespült werden. Zum Trocknen nehmen Sie einfach dicke Handtücher oder fönen den Hund trocken (Geräuschdesensibilisierung vorher nötig).

Abb. 83 *Bald bin ich wieder trocken*

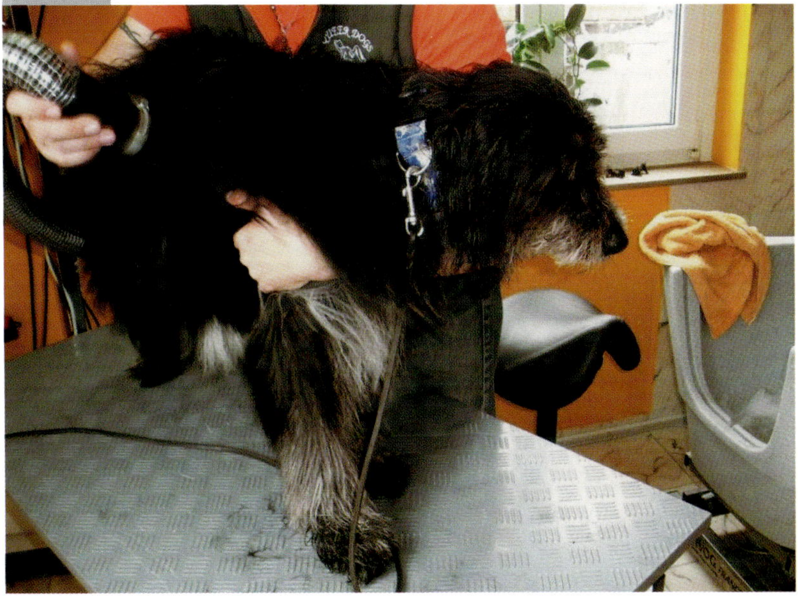

22 Der siebte Sinn der Hunde

Seit unser Kindheit kennen wir sie – die fünf Sinne – Hören, Sehen, Riechen, Tasten und Schmecken. Heute wissen Forscher, dass es wesentlich mehr Sinne bei den Lebewesen gibt. Von der modernen Physiologie und Psychologie wurden diese benannt. In Unvollständigkeit aufgezählt sind dies der Temperatursinn, die Schmerzempfindung, der Gleichgewichtssinn, die Orientierung im Raum (oben und unten, Position im Raum) und die Körperempfindung oder Tiefensensibilität sowie ein Sinn für die Zeit (die innere Uhr).

Tiere besitzen besondere Fähigkeiten. Viele sind in der Lage, sich am Magnetfeld der Erde, der Sonne oder den Sternen zu orientieren. Andere können ihre Beutetiere über elektrische Felder orten und aufspüren. Viele Tiere spüren Katastrophen im Voraus. Hundehalter kennen die Situation – plötzlich springt der Vierbeiner auf und läuft mit Erwartungshaltung schwanzwedelnd zur Haustüre. Nichts ist zu hören, geschweige denn zu sehen und doch bleibt der Hund abwartend an der Türe. Und dann, nach einigen Minuten, kommt das Herrchen oder das Frauchen mit dem Auto angefahren. Woher wusste nun der Hund, dass sein Herrchen oder Frauchen jetzt kommen würde? Haben Hunde den berühmten „siebten Sinn“?

Ist es der siebte Sinn, Telepathie oder ein uns abtrainierter Instinkt? Ich meine, keines von allem, denn Hunde haben ein sehr viel feineres Gehör als Menschen, sie hören tatsächlich sehr viel mehr und dies sehr viel früher als wir, wenn sich der ihnen nahe stehende Mensch nähert. Das gilt auch für Fahrzeuge, welche der Lieblingsmensch benutzt, denn Hunde sind sehr wohl in der Lage, die Geräusche verschiedener Fahrzeuge voneinander zu unterscheiden. Auch Katzen und Pferde können dies. Hunde sind in der Lage, eine Geräuschquelle innerhalb einer 6/100 Sekunde zu orten und zu identifizieren. Des Weiteren sind unsere vierbeinigen Freunde sehr genaue Beobachter. Ihnen sind unsere gewohnten Tagesabläufe und Lebensgewohnheiten vertraut. Wenn Herrchen oder Frauchen regelmäßig zu einem bestimmten Zeitpunkt heimkommen, so kennt der Hund diesen Zeitpunkt. Dies gilt auch für

Abläufe, die sich nicht jeden Tag wiederholen, jedoch aber von speziellen Merkmalen geprägt sind. Zum Beispiel sagt ein ausgedehntes Frühstück dem Hund, dass es Wochenende ist. Das Anziehen von Sporthose und Turnschuhen sagt dem Hund, dass es nun zum Waldlauf geht. Beobachten Sie doch einmal selbst Ihren Hund.

Unsere Hunde sind auch geübt darin, das Verhalten anderer Personen im Haushalt zu interpretieren und daraus Rückschlüsse zu ziehen. Ein Beispiel hierzu ist der Mann, welcher regelmäßig seine Frau anruft, wenn er sich auf dem Heimweg befindet. Am Tonfall, der Mimik und auch an einzelnen, bekannten Wörtern der Frau, wie zum Beispiel „dann mache ich jetzt das Essen fertig", kann der Hund erkennen, dass innerhalb eines bestimmten Zeitraumes sein Herrchen heimkommen wird. Hunde, die mit uns in einem Haushalt zusammenleben, kennen uns oft sehr viel besser als wir denken. Sie nehmen kleinste Stimmungsunterschiede wahr und wissen die ständigen Signale, die wir senden, bestens zu deuten. Keine Telepathie, sondern Aufmerksamkeit und eine tolle Beobachtungsgabe sind der Grund für das Phänomen. Die Sinnesorgane des Hundes sind einfach um ein Vielfaches schärfer als die des Menschen.

23 Rund um das Recht und um Vorschriften

Gesetze rund um den Hund

- Tierschutzrecht
- Tierseuchenrecht
- Tierschutzverordnung
- Hundeverordnung
- Tollwutverordnung
- Straßenverkehrsordnung
- Gesetz zur Bekämpfung gefährlicher Hunde
- Verordnung über Ausnahmen zum Verbringungs- und Einführverbot von gefährlichen Hunden in das Inland
- Hundeverordnungen der einzelnen Bundesländer
- Abfallgesetz
- Strafrecht
- Ordnungswidrigkeiten – Recht und Zivilrecht

Ihre Fragen zu Einzelfällen stellen Sie bitte an das Ordnungsamt Ihrer Stadt oder Gemeinde.

Steuern

Die Hundesteuer wird von den Gemeinden in unterschiedlicher Höhe erhoben und durch eine Steuerplakette nachgewiesen. Viele Gemeinden fordern, dass die Plakette gut sichtbar am Hund zu befestigen ist. Detaillierte gesetzliche Regelungen, beispielsweise zu Leinenzwang, Impfungen, Entfernen von Kot auf öffentlichen Plätzen oder zur Kampfhundehaltung sind länderspezifisch. Eine Steuerbefreiung gibt es für viele berufstätige Hunde (Polizei, Rettungshundestaffel oder Zoll). Die Hundesteuer ist eine sogenannte Abgeltungssteuer und berechtigt Sie zu keiner Gegenleistung.

Haftpflichtversicherung

Jeder Hundehalter haftet für den Schaden, der durch seinen Hund entsteht. Der Hundehalter haftet in Deutschland für seinen Hund im Rahmen der Gefährdungshaftung § 833 S. 2 BGB. Das bedeutet, dass er jeden Schaden ersetzen muss, den der Hund verursacht, unabhängig von der Schuldfrage. Daher sollte für jeden Hund von Anfang an eine ausreichende, erweiterte Haftpflichtversicherung abgeschlossen werden. Fragen Sie bitte Ihren Versicherungsvertreter.

Tierkrankenversicherung/OP-Versicherung

Informationen erhalten Sie im Internet unter dem Stichwort – Tierkrankenversicherung – Haustierversicherung. Sie können Operationen und Unfallbehandlungen über diese Versicherungen abdecken. Der jährliche Beitrag beträgt ca. 200 Euro und ist dann, wenn man einen Krankheitsfall hat, sicher nicht zu teuer.

Chip/Registrierung

Für Haushunde besteht seit einigen Jahren die Möglichkeit der Implantation eines Chips, der die Identifikation des Tieres ermöglicht. Zum Auslesen der Transpondernummer des Tieres wird ein Lesegerät benötigt, über welches in der Regel Tierärzte, Tierheime und Polizeidienststellen verfügen. Organisationen wie Tasso e.V. betreiben zentrale Registrierungsstellen für entlaufene und aufgefundene Hunde; hier kann die Chipnummer des eigenen Tieres registriert werden. Diese Nummer ist weltweit einmalig und erlaubt im Gegensatz zur Tätowierung eine sichere Identifizierung des Hundes. Mittlerweile ist der Chip ein Muss bei Auslandsreisen des Hundes.

Reisen

Bei Grenzübertritt muss seit 2004 in EU-Europa ein Heimtier-Ausweis zur Identifikation mitgeführt werden, weiterhin muss der oben genannte Chip implantiert sein, dessen Nummer im Heimtierausweis vermerkt ist. Hintergrund der Chippflicht ist der Kampf gegen die Tollwut.

Tierarzt

Jedes Familienmitglied sowie Ihr Nachbar sollte die Telefon- und Handynummer Ihres Tierarztes und Tiernotdienstes kennen.

Am einfachsten speichern Sie die Nummern in allen Handys Ihrer Familienmitglieder und Nachbarn. So geben Sie zudem Ihrem Nachbar das Gefühl, dass er wichtig ist – dieser reagiert somit sicher entspannter auf Ihren Hund, wenn er einmal etwas angestellt haben sollte oder wenn ein gesundheitlich bedingter Notfall eintreten sollte.

24 Tipps zum Verhalten in der Öffentlichkeit

Immer wieder verursachen Hunde Ärger in der Öffentlichkeit. Meist sind die Vierbeiner überhaupt nicht schuld, sondern ihre Menschen – also wir als Hundeführer.

Ein Hund, der gut gehorcht und in Ihrer Nähe bleibt, ist immer gern gesehen. Wenn Sie zudem die Hundehinterlassenschaft noch beseitigen (bitte Tüte zuknoten, da ein Mensch die Müllbehälter leert), stärken Sie absolut die Lobby der Hundeführer.

- Führen Sie Ihren Hund vorausschauend/defensiv.
- Sind Sie bitte rücksichtsvoll und höflich zu anderen Menschen.
- Leinen Sie Ihren Hund an, wenn Ihnen Spaziergänger, Jogger, Fahrräder, Skater … entgegenkommen.
- Der Spruch „mein Hund will nur spielen" zählt nicht – viele Menschen haben Angst vor Hunden, auch wenn der Hund noch so lieb ist.
- Nehmen Sie den Hund an befahrenen Straßen und in Wohngebieten immer an die Leine.
- Schließen Sie eine Haftpflichtversicherung für Ihren Vierbeiner ab und lassen Sie ihn regelmäßig impfen sowie entwurmen.
- Melden Sie Ihren Hund bei Ihrer Stadt an.
- Ein gehorsamer und erzogener Hund ist kontrollierbar.
- Sie sollten wissen, in welchen Situationen Ihr Hund evtl. außer Kontrolle gerät und ihn dann zu sich rufen.
- Ihr Hund soll kein Wild oder sonstige Tiere (Hühner, Raben, Pferde, Kühe, Schafe …) jagen oder beunruhigen.
- Lassen Sie Ihren Hund nie unbeaufsichtigt mit Kindern.
- Kommt Ihnen ein angeleinter Hund entgegen – leinen Sie Ihren ebenfalls an.
- Üben Sie bitte, den Hund auch rechts zu führen. Sie werden feststellen, dass dies in Europa, wo bis auf Großbritannien Rechtsverkehr herrscht, sehr sinnvoll ist. Sie sind wie durch ein Wunder niemandem mehr im Weg!

! **Bei allen kritischen Situationen hilft Ihnen gerne der Hundetrainer Ihres Vertrauens weiter.**

25 Goldene Regeln für das Zusammenleben von Menschen und Hunden

! **Ohne Fehler zu machen könnten wir nicht lernen. Wichtig ist, mit der Zeit zu erkennen, was alles falsch läuft, um dann unser eigenes Verhalten zu ändern. Dies hat zur Folge, dass der Hund sich positiv verändern wird.**

- Hunde benötigen klare Strukturen.
- Der Mensch bestimmt alle Aktivitäten und behält somit die Oberhand – Sie bestimmen, wann der Hund frisst oder spielt.
- Loben Sie Ihren Hund, wenn er etwas gut gemacht hat!
- Loben Sie den Hund nur, wenn er auf Ihren Wunsch hin etwas ausführt.
- Ignorieren Sie den Hund, wenn er ohne Kommando kommt oder eine bereits erlernte Übung ausführt.
- Keine Begrüßungs- oder Verabschiedungsrituale.
- Das Futter und Spielzeug ist nie frei zugänglich.
- Spielen Sie mit dem dominanten Hund keine Zerr-, Kampf -und Raufspiele.
- Während des Futteranrichtens soll der Hund zum Beispiel Sitz oder Platz machen. Wenn Sie fertig sind, geben Sie dem Hund das „Frei-Kommando" und er kann zu seinem Fressen.
- Essen Sie bei dominanten Hunden vor dem Hund Ihre Speisen. Der Hund soll das Gefühl erhalten, dass Sie das Beste und er den Rest erhält. Dies geschieht genau so in einem Hunderudel.
- Reden Sie nicht ständig mit dem Hund.
- Ein Kommando darf nicht ständig wiederholt werden – einmal soll genügen.
- Sprechen Sie den Hundenamen immer freudig aus.
- Nur das Abbruchkommando wird kurz und schroff genannt.
- Der Hundename ist nur dafür da, den Hund auf sich aufmerksam zu machen.
- Der Hund erhält kein Essen vom Tisch.
- Schlecht fressenden Hunden wird der Napf zur Fütterungszeit dargereicht. Frisst der Hund nicht binnen 3 Minuten, wird das

Futter bis zur nächsten regulären Fütterungszeit wieder weggenommen.

- Zwickt der Hund im Spiel, wird dies sofort abgebrochen.
- Hunde haben keinen Vor- und Zunamen (Hund Komm, Hund Sitz, Hund Platz).
- Der Hund benötigt kurze und einfache Kommandos.
- Gehen Sie immer zuerst durch Türen oder Engpässe.
- Das Belohnungswort „Fein“ ist zu ähnlich mit „Nein“ – suchen Sie andere Begriffe. Ebenso gilt dies für Sitz und Platz – das „tz“ ist zu ähnlich.
- Nie schmerzhafte Strafen – lieber ignorieren bzw. kurz, ernsthaft schimpfen. Intelligente Menschen quälen ihr Tier nie.
- Verhaltensauffällige Hunde dürfen nicht auf Sofa, Sessel oder Bett.
- Eine straffe Leine bestärkt den Hund in seiner Unsicherheit oder Aggression.
- Verhindern Sie, dass sich Ihr Hund überall im Haus frei bewegen kann. Nicht jeder Raum muss für den Hund zugänglich sein.
- Gehorsam schützt vor Gefahr.
- Was einmal tabu ist, muss für den Hund immer tabu bleiben.
- Ihr Hund hat in der Regel aufzustehen, wenn er Ihnen im Weg liegt. Wir gehen nicht um den Hund herum und wir steigen auch nicht über den Hund drüber – er hat einfach anstandslos zu weichen.
- Wir bestimmen die Richtung des Spazierganges.
- Transportieren Sie den Hund im Auto immer gesichert (Box, Anschnallgurt mit entsprechendem Geschirr oder im Heck mit Sicherung über ein Hundegitter).
- Schauen Sie einem fremden Hund nicht direkt in die Augen. Hunde empfinden den direkten Blickkontakt oft als bedrohlich und werden dadurch entweder zur Auseinandersetzung aufgefordert oder ängstliche Hunde reagieren mit noch mehr Angst.
- Beugen Sie sich nicht über den Hund. Dies wirkt für den Hund bedrohlich.
- Nehmen Sie Knurren, Zähnefletschen als ernstes Warnsignal. Brechen Sie die Situation wortlos ab und fragen Sie den Fachmann um Rat.
- Wenn Ihr Hund an der Leine andere Hunde oder Menschen anbellt, sollten Sie sich von diesen abwenden (ein qualifiziertes Training wird dringend erforderlich).
- Loben Sie den Hund innerhalb von maximal einer Sekunde, wenn er Ihr Kommando ausführt.

- Suchen Sie immer das Gute in Ihrem Hund. Zeigt der Vierbeiner dieses, brauchen Sie mit Ihrem Lob nicht zu sparen.
- Wenn Ihr Hund lernen soll, gut an der Leine zu gehen, sollten 50% der Spaziergänge an einer kurzen (1,20 Meter) Leine geschehen.
- Nehmen Sie den Hund an Bahnsteigen und Bahngleisen immer an die Leine.
- Trainieren Sie mit Ihrem Hund nur, wenn Sie selbst gut gelaunt sind. Schlechte Laune, Unpässlichkeiten oder Unsicherheit soll sich dadurch nicht auf Ihren Hund übertragen.
- Rolltreppen sind absolut tabu. Die Gefahr, dass dem Hund die Krallen beim Abgang herausgerissen werden, ist viel zu groß.

26 Regeln für Kinder im Umgang mit Hunden

- Störe niemals einen Hund beim Fressen. Versuche nicht, ihm sein Futter wegzunehmen, da er Dich beißen könnte.
- Laufe nie vor einem Hund davon. Auch nicht, wenn Du Angst vor ihm hast! Der Hund ist immer schneller als Du. Mach Dich groß und schrei ihn an!
- Kein Hund ist wie der andere. Begegne deshalb jedem Hund vorsichtig. Frage immer zuerst den dazugehörigen Menschen, ob Du den Hund streicheln darfst.
- Wenn Du mit dem Hund spielst, achte darauf, seinen Zähnen nicht zu nahe zu kommen. Spiele nur mit dem Hund, wenn ein Erwachsener dabei ist.
- Wenn ein Hund nach Dir greift, halt trotzdem still! Am besten ist, Du hälst still und schreist ganz fest um Hilfe.
- Versuche niemals, raufende Hunde zu trennen. Oft ist es schon geschehen, dass der Hund dann um sich schnappt und den Falschen erwischt.
- Vermeide alles, was ein Hund als Bedrohung auffassen könnte. Ärgere und quäle auch keine Tiere.
- Schau einem Hund nicht starr in die Augen. Für den Hund ist dies eine Kampfaufforderung.
- Behandle einen Hund gut oder lasse ihn ganz in Ruhe.

Stichwortverzeichnis

Für die Mithilfe an diesem Buch danke ich
ganz besonders meiner Frau Sabine.
Mit viel Geduld steht sie mir bei meinem Tun zur Seite.

Ebenfalls bedanke ich mich bei allen tierischen
und menschlichen Freunden.

Abb. 84 *Jetzt nach dem Lesen haben Sie auch eine Abkühlung verdient*